THE ONE POINT LESSON OF GOLF SWING AND GAME MANAGEMENT

박금숙 프로의

Point-up

포인트 업

골프

박금숙 저

dcb
대경북스

박금숙 프로의 **포인트업 골프**

초판인쇄 / 2020년 4월 17일
초판발행 / 2020년 4월 22일
발행인 / 민유정
발행처 / 대경북스
ISBN / 978-89-5676-817-5

등록번호 제 1-1003호
서울시 강동구 천중로 42길 45(길동 379-15) 2층
전화:(02)485-1988, 485-2586~87 · 팩스:(02)485-1488
E-mail:dkbooks@chol.com · http://www.dkbooks.co.kr

머리말

1988년 6월, 저는 아직도 그날을 잊을 수가 없습니다. 그날은 바로 KLPGA 44번 번호를 달고 정식 프로가 된 날입니다. 아직도 바로 어제의 일처럼 생생합니다. 마냥 설레기만 했던 그날 이후 제 생활은 모든 것이 달라졌습니다. 2009년 2월에는 경희대학교 체육대학원에서 박사학위를 취득했고, 건동대학교 골프학과 주임교수로 발탁되었습니다.

이후 저는 골프라고 하는 큰 울타리 안에서 다방면으로 활동하며, 어떻게 하면 골프를 어렵지 않게 가르칠 수 있을까 하는 고민을 시작했습니다. 그 고민의 와중에서 『박금숙 프로의 퍼펙트 스윙법』(2010년 1월)과 『박금숙 프로의 실전 골프 및 경기운영법』(2010년 12월)이라는 책을 출간했습니다.

골프란 쉽고도 어려운 운동입니다. 너무 많은 것을 이루려고 하면 어렵기 한이 없지만, 내가 할 수 있는 영역 안쪽으로 목표를 설정하면 그리 어렵지 않은 운동입니다. 차근차근 목표를 높여가며 끝없는 도전에 인생을 불태우는 수많은 사람들이 있습니다. 이처럼 골프는 누구나 즐길 수 있으며, 누구나 도전할 수 있는 멋진 스포츠입니다. 골프라는 스포츠는 누군가에게는 즐거움을 찾는 취미이며, 누군가에는 장래 희망일 수 있습니다.

두 권의 골프 서적을 집필한 경험과 오랫동안 「골프먼스리」에 레슨을 연재하고, 또 필드에서 제자들을 가르쳐오면서 얻은 저만의 노하우를 엮어 아마추어와 중급 골퍼들에게 도움이 될 만한 책을 발간하게 되었습니다. 클럽별 기본 스윙의 형성, 골프공의 비행원리와 미스샷 교정, 특수한 경우의 샷, 게임을 통한 골프지도 등 골퍼들에게 꼭 필요한 내용을 엮어 한 권의 책으로 엮었습니다.

이 책이 실력 향상을 위해 노력하는 모든 골퍼들에게 유익한 책이 될 수 있기를 바라며, 흔쾌히 모델을 맡아준 애제자 고나혜 프로에게 고맙다는 말을 전합니다. 끝으로 책이 나오기까지 도움을 주신 관계자 여러분과 출판을 맡아준 대경북스 민유정 대표님과 편집진에게 감사의 마음을 전합니다.

2020년 3월

저자 박금숙 드림

차 례

PART 1. 기본스윙의 형성

제1장 기본스윙의 형성순서

제2장 스윙폼 체크포인트

PART2. 골프공의 비행원리와 미스샷 교정

제1장 골프공의 비행원리

제2장 골프공의 비행궤도와 미스샷 교정

PART3. 특수한 경우의 샷

제3장 샌드샷

제4장 경사면에서의 샷

제5장 트러블샷

PART4. 게임을 통한 골프 지도

제1장 게임을 통한 골프지도의 개요

제2장 초 · 중급단계

제3장 고급단계

PART 5. 골프용어

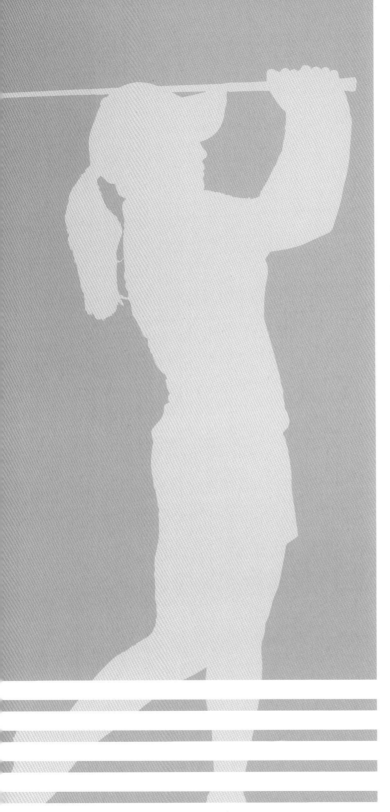

PART 1

기본스윙의
형성

제1장

기본스윙의 형성순서

스포츠기술 지도에서는 가장 중요한 것은 물리학적·생리학적으로 가장 효율적인 자세를 기본으로 정한 다음, 이 기본자세를 얼마나 효율적으로 지도할 것인가이다. 이 두 가지 '효율'에 기반하여 지도방법과 지도순서, 그리고 '왜 이렇게 하는가'라고 하는 학습자를 위한 이론과 함께 스윙이론을 알아본다.

골프스윙은 B(body swing), A(arm swing), C(club swing)라고 불리는 세 가지 스윙으로 구성되어 있다. 즉 스윙은 먼저 보디의 움직임(body swing)이 있어야 하며, 거기에 팔을 휘두르는 동작(arm swing)을 더하고, 그다음 클럽을 휘두르는 동작(club swing)이 더해져 스윙이 완성된다. 이것을 요약하면 '기본스윙의 형성순서는 B→A→C'이다.

기본스윙 형성을 위한 지도방법

1. 지도방법

지도자는 우선 클럽을 휘두르면서 "이것이 골프스윙입니다"라고 '골프스윙'의 시범을 보여 준다. 그다음 클럽을 빼면서 "클럽을 빼면 이렇게 됩니다"라고 하면서 '암스윙(arm swing)'을, 그리고 팔을 뒤로 돌려 "팔까지 빼면 이렇게 됩니다"라고 하면서 '보디스윙(body swing)'의 시범을 보여준다.

다음에는 이와 반대로 먼저 '보디스윙(body swing)'을 해보이고, 여기에 '팔을 휘두르는 동작(arm swing)'을 더한 다음에 '클럽을 휘두르는 동작(club swing)'을 더하면 골프스윙이 완성된다고 설명한다.

보디스윙

보디스윙에
암스윙을 더한다

여기에 클럽스윙을
더하면 스윙이 완성된다

2. 지도순서/스윙형성이나 리폼 모두 B→A→C의 순서로 한다

기본스윙은 먼저 보디스윙(body swing), 그다음에 암스윙(arm swing), 그리고 클럽스윙 (club swing)으로 스윙의 중심쪽부터 형성해가서 마지막에 그립과 연습스윙을 만들어 완성시킨다. 한편 리폼(reform ; 폼의 교정)도 스윙형성과 마찬가지로 중심쪽에 있는 결함부터 교정해가야 한다.

"골프는 그립에서 시작하여 그립으로 끝낸다"라는 말도 있는데, 지금까지는 먼저 그립을 지도하는 방법을 취해왔다. 그립을 먼저 가르친다는 것은 곧바로 타구연습부터 한다는 뜻으로, 초보골퍼들은 공을 치는 데만 급급한 나머지 '보디→팔→클럽' 순으로 스윙을 형성하지 못하게 된다.

타구연습을 서두르기보다는 "급할수록 돌아가라"는 말을 마음에 새기도록 하자. 따라서 우선 올바른 자세를 '느낌'으로 몸에 익히고, 이어서 왜 그럴까라는 '이론접목'을 통하여 연습의 필요성을 이해시킨다.

3. 지도의 실제

지도순서 1- 보디스윙을 만든다.   지도순서 2- 암스윙을 만든다.

  윗몸 비틀어 올리기   팔꿈치의 움직임
  중심이동   손목의 움직임
  중심축의 유지   손바닥의 방향(아래팔 되돌리기)

지도순서 3- 클럽스윙을 만든다.

오른손으로 클럽샤프트를 휘두른다.
왼손으로 클럽샤프트를 휘두른다.
한손으로 클럽샤프트를 휘두른다.

지도순서 4- 그립을 만든다.

스퀘어와 아홉 개의 손가락으로 그립을 쥔다.

지도순서 5- 연습스윙(shadow swing)을 한다.

왕복 진자(흔들이)스윙

보디스윙

보디스윙(body swing)에는 윗몸 비틀어올리기(coiling), 중심이동과 스윙의 중심유지, 전방경사 자세의 3가지 중요한 요소가 포함되어 있다.

1. 윗몸 비틀어 올리기-파워를 축적시키는 코일링

늘어난 근육이 원래대로 되돌아오려는 작용을 스프링작용(spring-like-action)이라고 한다. 이것을 이용하여 비거리를 늘리기 위해 상반신과 하반신 사이에 비틀림을 만드는 동작을 '코일링(coiling)'이라고 하는데, coil-up, twist-up 등으로도 불린다.

코일링할 때 오른쪽 무릎의 안쪽을 고정시켜두지 않으면 충분히 비틀어 올릴 수 없다. 오른쪽 무릎의 안쪽을 고정시켜두지 않으면 오른쪽 무릎이 바깥쪽으로(오른쪽 방향으로) 흘러가버리거나(sway라고 한다), 어깨와 허리 모두 90도 돌아가버려 파워가 축적되지 않는다.

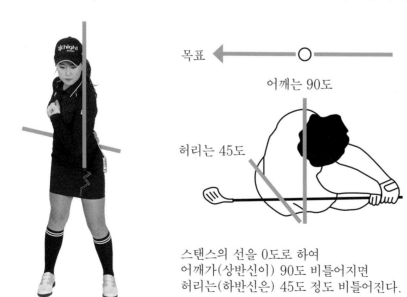

목표

어깨는 90도

허리는 45도

스탠스의 선을 0도로 하여
어깨가(상반신이) 90도 비틀어지면
허리는(하반신은) 45도 정도 비틀어진다.

충분한 비틀어 올리기는 원래대로 되돌아가려고 하는 에너지를 축적시킨다.

백스윙 시에는 어깨가 먼저 회전하고, 허리가 그것을 따라 간다.

어깨 돌리기 연습(shoulder turn drill)

🕴 선 자세에서 아이언클럽을 어깨에 걸친다(고령자는 양팔을 가슴 앞으로 교차시켜도 된다). 이때 왼손으로 그립을 쥐게 하면 나중에 지도하기 쉽다.

🕴 "하나"에 그립엔드를 정면으로 돌리면서 어깨를 90도 턴한다. 어깨부터 턴하면 허리는 45도에 머무르게 되어 상반신과 하반신이 뒤틀리는 것처럼 느껴진다. 여기에서 '코일링(백스윙에서 윗몸을 꼬는것)'을 느끼는 것이 가장 중요하다. 허리가 먼저 나가거나 오른쪽 무릎이 움직이면 코일링을 느낄 수 없게 된다. 이때 "몸통에 비틀림이 느껴집니까?" 하고 확인한다.

🕴 "둘"에서 클럽헤드를 정면으로 하여 그립엔드와 위치를 바꾼다. 이때 얼굴은 무리해서 정면을 향하지 않아도 된다. 왜냐하면 코일링(coiling)은 백스윙 시에만 필요한 동작이기 때문이다.

🕴 "하나" "둘"을 반복하면서 왕복운동처럼 반복시키거나, 정면을 향한 자세를 '제로'로 하여 "제로 자세를 취하고→하나!→둘!→제로로 되돌아가!"와 같은 식으로 1번씩 끊어가면서 연습시킨다.

하나   둘

"하나"에서 그립엔드가 앞으로 오도록 어깨를 90도 턴시킨다.
몸통에 코일링이 느껴져야 한다.

왼손은 그립쪽을. 오른손은 클럽쪽을 쥐고 클럽을 어깨에 걸친다.
스탠스는 어깨너비 정도로 한다.

"둘"에 그립엔드와 클럽헤드의 위치를 바꾼다. 그립엔드와 클럽헤드의 위치는 정확하게 바꿔야 한다.

2. 무게중심이동과 스윙의 중심축 유지

무게중심이동으로 파워를 증대시킨다. 물건을
던지거나 쳐서 멀리 보내려면 중심이동(weight
shift)을 이용해야 한다(원래는 '무게중심이동'
이라고 써야 하지만, 편리상 '중심이동'이라고
한다).

백스윙에서는 무게중심을 오른쪽으로 이동시키
고, 포워드스윙에서는 무게중심을 왼쪽으로 이동
시키는 것은 야구의 피칭이나 배팅자세, 창던지
기자세 등을 보면 이해하기 쉬울 것이다.

무게중심을 이동함으로써 파워를 증대시키는 움
직임을 중심이동(weight shift), 그에 동반되는
양발의 움직임을 풋워크(foot work)라 하는데,
이 2가지는 하나로 이루어진다.

무게중심의 위치와 이동의 범위
인체의 무게중심(gravity)은 아랫배에 있다. 파
워증대를 위해 무게중심을 이동시키는 범위는 오
른쪽 무릎 안쪽부터 왼쪽 무릎 안쪽까지이다.

무게중심

무게중심

무게중심이동의 범위

중심이동선은 봉우리모양을 그린다

무게중심은 몸통의 앞면 가까이(복부쪽)에 있지만, 회전의 중심축인 척주(목뼈, 허리뼈)는 뒷면 가까이(등의 중앙)에서 정위치를 유지하고 있으므로, 무게중심의 이동선은 '봉우리모양'을 그리게 된다.

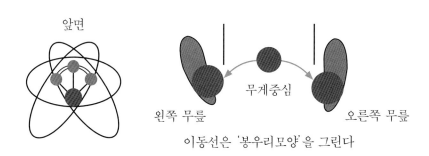

앞면

무게중심

왼쪽 무릎   오른쪽 무릎

이동선은 '봉우리모양'을 그린다

회전은 척주를 하나의 중심축으로 하여 이루어진다.
백스윙에서는 오른쪽 무릎을 중심(center)으로 회전하고, 포워드스윙에서는 왼쪽 무릎을 중심으로 회전한다는 이른바 '2축회전설'은 이론적으로 잘못된 것이다.
'오른쪽 무릎↔왼쪽 무릎'은 무게중심의 이동범위에 있으므로, "회전의 축은 척주 하나뿐이다"가 맞는 말이다.

'수평'이라는 말은 쓰지 않는다!
어깨를 '수평으로 회전'이라는 말은 쓰지 않도록 한다. 어깨돌리기 연습 시에는 어깨가 수평으로 회전하겠지만, 원래 어깨는 '몸의 세로축과 직각'으로 회전하는 것이지 '수평회전'을 하지는 않는다.
나중에 전방경사 자세를 지도할 때 방해가 된다.

'어깨의 턴'이 최우선!
어깨돌리기 연습 시에는 '어깨의 턴'이 최우선이며, 중심이동은 아직 시키지 않는다. 중심축 유지는 가르치지 않지만, 이는 그립엔드와 클럽헤드의 위치를 바꿈으로써 자연스럽게 이루어진다.

무게중심이동과 풋워크 연습(weight shift and foot work drill)

🏌 어깨돌리기 연습과 마찬가지로 직립자세에서 클럽을 어깨에 멘다.

🏌 "하나"에서 왼쪽 어깨를 90도 턴하면서 무게중심을 오른쪽 무릎 안쪽 바로 위까지 이동시
　킨다. 이때 오른쪽 무릎을 움직이게 하지 않으면 코일링(coiling, 비틀기)이 되지 않는다.

　🌱 오른쪽 엄지발가락이 지면에서 떨어지지 않도록 하면 오른쪽 무릎이 움직이지 않는다.

　🌱 초보자에게서 보이는 '반대 웨이트'(왼발 하중)는 이 시점에서 교정할 필요가 있다.

🏌 "둘"에서 오른쪽 어깨를 턴하면서 오른쪽 무릎이 왼쪽 무릎에 가까이 가게 하여 체중을
　왼발로 이동시킨다. 얼굴·배·오른쪽 무릎이 목표방향을 향하면 '비틀림'은 해소된다.
　이때 오른쪽 발가락끝으로 서서 발 안쪽이 뒤를 향하게 한다.

하나　　　　　　　　　　　　　　　　　　둘

오른쪽 엄지발가락을 지면에서 떼지
말고 왼쪽 어깨를 90도 턴한다.
오른쪽 무릎 안쪽 바로 위에 체중이
실려 있음을 느껴야 한다.
'비틀림'을 느끼고 있는가?

오른발 안쪽은 뒤를 향하고 있는가?
왼쪽 무릎 안쪽 바로 위에 체중이 실
려 있음을 느껴야 한다.
복부는 목표방향을 향해야 한다.

스윙의 중심축 유지(swing center keep)

원운동을 하는 스윙의 중심을 '스윙센터(swing center)'라고 한다. 스윙의 중심은 어깨 회
전 시에는 목뼈에 있고, 허리 회전 시에는 허리뼈에 있다. 회전운동은 이 '점' 위아래의 척

추뼈를 축(axis)으로 하여 이루어진다. 중심점이 좌우상하로 흔들리면(sway) 정확한 원운동은 유지되지 않는다.

축

3. 전방경사 자세

골프는 지상에 있는 공을 쳐야 하므로 전방경사 자세(bend-forward posture)를 취해야 한다. 전방경사 자세가 나쁘면 정확한 원운동이 되지 않아 저스트미트(just meet : 타격할 때 타이밍이 맞아 볼 중심에 클럽페이스가 맞는 것)율이 낮아진다.
전방경사 자세를 취해야 하므로 회전축을 일정하게 유지하기가 어렵다는 점이 골프스윙의 어려움이다.

전방경사 자세 취하기

▮ 클럽을 옆으로 들고 직립자세를 취한다. 클럽으로 허리뼈를 누르면서 볼기(힙)를 뒤로 빼면 몸이 앞으로 구부러진다. 그다음 무릎을 굽힌다(knee flex).

▮ 양발을 어깨너비로 벌리고, 엉덩이를 뒤로 빼면서 몸을 앞으로 기울인다.

▮ 발가락으로 지면을 잡듯이 누르면서 무릎이 약간 굽히면 밸런스가 잘 잡힌다.

▮ 양손의 가운데손가락이 양쪽 발가락끝 라인 바로 위에 오게 한다.

▮ 야구선수가 수비하는 자세(테니스의 서브리시브 자세)에서 양손을 아래로 늘어뜨리고 서서히 몸을 일으켜가는 도중에 '골프의 전방경사 자세'가 있다.

볼기(힙)를 뒤로 빼듯이 한다.
발가락으로 지면을 잡듯이 누르면 무릎이 약간 구부러진다.

어깨의 힘을 빼고, 팔은 축 늘어뜨린다.
양손의 가운데손가락이 양쪽 발가락끝 라인의 바로 위에 오게 한다.

전방경사 각도

척주의 상부(목뼈)와 하부(허리뼈)는 전방경사 각도가 각각 다르다. 기본자세 형성단계에서는 시각적으로 알기 쉬운 45도로 설명하는 것이 좋다.

ⵜ 드라이버(W1)를 사용할 때에는 목뼈부분은 약 45도, 허리뼈부분은 약 30도의 전방경사 각도를 취한다.

ⵜ 사이드웨지(side wedge)를 사용할 때에는 목뼈부분이 약 55도의 전방경사 각도가 되게 한다.

드라이버 / 사이드웨지

Reference
참고

무게중심을 잡을 때 발가락끝에 무게를 실을까, 발꿈치에 실을까?
비거리를 요구하는 일반적 샷인 경우에는 체중을 양쪽 엄지발가락에 실으면 무게중심이동 (weight shift)를 하기 쉽게 된다. 비거리를 요구하지 않는 퍼팅(putting)과 치핑(chipping) 에서는 발꿈치에 체중을 싣고 하반신을 고정시킨다.

스윙의 중심에는 점과 축을 같이 다뤄야 한다.
접시돌리기와 같이 '점'으로 지탱되는 것이 아니라, 팽이처럼 '축'으로 지탱되는 회전운동은 축이 흔들리지 않는 한 회전평면이 흔들리는 경우는 없다. 스윙의 중심에는 무게중심이 되는 '점'과 함께 회전을 지탱하는 '축'도 같이 다루어야 한다.

팽이   접시돌리기

4. 보디스윙의 완성형

지금까지의 연습내용을 종합하면 보디스윙이 완성된다. 다시 말해서 코일링에 무게중심이동과 스윙의 중심축 유지를 더하고, 여기에 전방경사 자세를 더하면 '보디스윙(body swing)'이 완성되는 것이다.

골프 스윙의 원점인 보디스윙
보디스윙은 골프 스윙의 원점으로, 여기에 암스윙(팔 휘두르기)이나 클럽스윙(클럽 휘두르기)이 더해져서 스윙이 완성된다. 스윙연습 시에 자세가 흐트러지면 먼저 스윙의 원점인 '보디스윙'부터 체크해보자.

하나

둘

회전의 중심축은 하나이다. 얼굴이나 가슴은 움직이지만 척추는 움직여서는 안 된다.

포워드스윙(forword swing)은 왼쪽 허리부터 시동

포워드스윙은 허리나 클럽샤프트보다 먼저 보디(몸통)로 돌아가야 한다. 포워드스윙의 시동은 왼쪽 허리부터이다. 이것은 왼쪽 허리가 움직이면 반드시 왼쪽 무릎이 움직이지만, 왼쪽 무릎을 움직여도 왼쪽 허리가 반드시 움직이는 것은 아니라는 사실을 시험해보면 알 수 있다.

보디스윙(body swing)의 완성형

클럽을 어깨에 메고 전방경사 자세를 취하고나서 어깨돌리기와 중심이동을 한다. 백스윙에서 오른쪽 무릎을 움직이지 않는 것과 그립엔드와 클럽헤드의 위치를 바꾸는 것이 요점이다.

참고
Reference

'보디턴'이 아니라 '보디스윙'
보디의 움직임은 턴뿐만 아니라 몇 가지 요소도 포함되어 있으므로, '보디턴'보다는 '보디스윙' 혹은 '보디무브먼트'쪽이 적당한 표현이다.

스윙 시의 회전운동은 '팽이'와 같다.
축이 흔들리면 빠른 회전은 불가능하다.

▌암스윙

암스윙(arm swing ; 팔 휘두르기)은 보디스윙에 따라오는 '진자운동(pendulum move-ment)'이다. 양팔의 힘을 빼고 아래쪽으로 늘어뜨려 가볍게 보디스윙을 하면 팔은 진자처럼 좌우로 흔들리는데, 이것이 암스윙의 기본인 '코끼리 코 돌리기(elephant-nose swing)'이다. 이 움직임 속에 '팔꿈치 · 손목 · 손바닥(혹은 아래팔)을 어떻게 움직일 것인가' 하는 것이 암스윙의 요점이다.

암스윙에는 다음 3가지 중요한 요소가 포함되어 있다.

🎳 팔꿈치의 움직임

🎳 손목의 움직임

🎳 손바닥의 방향/아래팔 돌리기

1. 팔꿈치의 움직임

팔꿈치의 움직임에는 엘보 플레인(elbow plane), 같은 간격, 엘보 힌징(elbow hinging)의 3요소가 있다.

🎳 전방경사 자세를 취하고, 양쪽 팔꿈치를 가볍게 굽힌 채 보디스윙에 맞춰 좌우로 움직인다. 이때 양쪽 팔꿈치를 회전할 때의 면(elbow plane)은 어깨를 회전할 때의 면(shoulder plane)과 평행을 유지해야 한다.

🎳 스윙 중 양쪽 팔꿈치는 계속 '같은 간격(약 23cm)'을 유지해야 한다.

🎳 오른쪽 팔꿈치는 백스윙 시에 굽혀지고, 폴로스루에서 펴진다. 반대로 왼쪽 팔꿈치는 백스윙 시에 펴지고, 폴로스루에서 굽혀진다. 이러한 동작을 엘보 힌징(elbow hinging, *hinge ; 경첩)이라고 한다.

① 스윙 중 양쪽 팔꿈치의 간격은 약 23cm를 계속해서 유지한다. 톱에서 오른쪽 팔꿈치가
   높이 올라가는 '플라잉 엘보(flying elbow)'가 되면 안 된다.

② 왼쪽 팔꿈치를 편다. 왼쪽 팔꿈치를 펴면 어깨를 충분히 턴할 수 있다.

③ 양쪽 팔꿈치의 간격은 될 수 있으면 좁혀서 가늘고 긴 삼각형을 만든다.

④ 왼쪽 무릎이 벌어지지 않도록 한다. 왼쪽 팔꿈치가 떨어지지 않도록 한다.
   오른쪽 팔꿈치를 편다. 오른쪽 팔꿈치를 펴면 폴로스루가 커진다.

⑤ 양쪽 팔꿈치의 간격 약 23cm는 끝까지 유지한다.

2. 손목의 움직임

손목이 굽혀지는 움직임을 리스트콕(wrist cock, 또는 wrist hinging)이라고 하는데, 이는 스윙 중 클럽포지션(club position)에 영향을 미친다〔'리스트 턴(wrist turn)'이란 말은 적당하지 않다. 왜냐하면 턴하는 것은 아래팔이며, 리스트 콕(cock)밖에 할 수 없기 때문이다〕.
리스트콕에는 다음 2종류가 있다.
🏌 손등쪽과 손바닥쪽으로 굽혀지기
🏌 엄지손가락쪽과 새끼손가락쪽으로 굽혀지기

손목 움직이기

🏌 몸앞에서 양쪽 손바닥을 맞댄 다음 왼쪽 넙다리 안쪽앞에서 어긋나게 하여 왼쪽 손목의 등쪽은 플랫(flat)하게 하고, 오른쪽 손목은 등쪽에 콕(cock)시킨다.
🏌 백스윙을 하면서 양쪽 손목을 엄지손가락쪽에 콕시켜간다.
🏌 왼쪽 손목의 손등쪽은 플랫상태를 유지한 채(오른쪽 손목은 손등쪽에 콕시킨 채) 팔꿈치의 움직임에 따라 팔을 휘두른다.

엄지손가락쪽

● 백스윙 시에는 왼쪽 손목은 플랫한 채로 두고, 양쪽 손목을 엄지손가락에 콕한다.
● 그 상태를 유지한 채 팔을 휘두른다.

● 몸앞에 있는 양팔을 왼쪽 넙다리 안쪽 앞에서 풀어준다.
● 이때 왼쪽 손목의 손등쪽을 플랫하게 하면 왼쪽 손목은 자연스럽게 손등쪽으로 콕된다.

왼쪽 손목은 플랫(flat)상태를 유지한다

어드레스 시에는 왼쪽 손등과 아래팔 사이에 약간의 각도가 있지만, 테이크어웨이(take away ; 백스윙의 시작부분)가 시작되면 바로 그 각도가 없어진다. 그 후에는 피니시까지 계속 플랫상태를 유지해야 한다. 즉 '왼쪽 손목은 엄지손가락쪽에 콕될 뿐'이다.

오른쪽 손목은 굽혀진 상태를 유지한다.

스윙 중 오른쪽 손목은 계속 오른쪽 손등쪽으로 굽혀져 있다. 임팩트 주변에서는 원심력에 의해 일단 펴지지만, 스스로의 움직임으로 펴지려는 것은 아니므로 폴로스루에서 다시 한 번 등쪽으로 콕된다.

3. 손바닥의 방향/아래팔 돌리기

스윙 중 손바닥의 방향은 클럽페이스의 방향과 일치해야 한다. 또한 임팩트 시점에서 손바닥의 방향은 목표선과 직각이 되는 것이 기본이다.

보드를 이용한 스윙연습
겉은 청색, 안은 흰색인 보드를 양쪽 손바닥 사이에 끼고 손바닥의 방향이 제대로 되었는지를 확인한다.

① ② ③ ④ ⑤

① 흰색 면이 비스듬하게 위를 향한다.
② 흰색 면이 정면을 향한다. 허리높이에서 보드는 수직이 된다.
③ 흰색 면이 목표방향을 향한다.
④ 허리높이에서 보드는 수직이 된다. 청색 면이 정면을 향한다.
⑤ 청색 면이 왼쪽 뺨과 마주본다.

상상의 시계를 이용한 스윙연습

암스윙의 크기를 기억하려면 상상의 시계(image-clock)를 이용하여 연습한다. 자신의 등 뒤에 시계문자판이 있다고 상상하면서 스윙연습을 한다.

시계의 문자판 중심은 스윙의 중심(정면에서 보면 목젖), 가장 위쪽은 12시, 가장 아래쪽은 6시, 양팔을 옆으로 벌린 곳은 9시와 3시 방향이다. 시계의 바늘은 백스윙에서는 왼팔, 폴로스루에서는 오른팔이다.

이때 배꼽을 스윙의 중심으로 하거나, 클럽샤프트를 시계바늘로 가상하는 것은 잘못된 방법이다.

스윙크기의 4분할

4/4→풀스윙(10~2시)

3/4→쓰리쿼터스윙(9~3시)

2/4→하프스윙(8~4시)

1/4→쿼터스윙(7~5시)

어깨를 턴하거나 중심이동을 할 때에도 암스윙의 크기에 맞춰 4/4부터 1/4과 비교시키면 공을 칠 때 '스윙의 크기'와 '비거리'를 비교할 수 있다.

10→2시
(풀스윙)

상상의 시계로
스윙의 크기를 4분할한다

9→3시
(쓰리쿼터스윙)

7→5시
(쿼터스윙)

8→4시
(하프스윙)

임팩트순간 오른쪽 손바닥의 방향

야구에서 투수가 스트레이트 공을 던질 때에는 공을 위로 던지든, 옆으로 던지든, 아래로 던지든 공이 손에서 떨어지는 순간 오른쪽 손바닥의 방향은 캐쳐의 미트와 정반대가 된다. 골프 스윙에서도 임팩트 순간 오른쪽 손바닥은 목표선과 정반대가 되어야 한다.

'아래팔 돌리기(forearm rotation)'는 '손바닥의 방향'과 연계되어 있다.

- 스윙 중 아래팔을 돌릴 때에는 백스윙 시에는 왼쪽 아래팔이 오른쪽 아래팔 위에 포개지게 하고, 폴로스루에서는 반대로 왼쪽 아래팔 위에 오른쪽 아래팔이 포개지도록 해야 한다.
- '아래팔 돌리기'는 팔꿈치와 손바닥의 움직임이 올바르게 이루어지면 자연스럽게 할 수 있는 동작이므로, 아래팔 돌리기와 손바닥의 방향은 같은 동작을 의미한다고 볼 수 있다.
- 슬라이스를 교정할 때 아래팔 돌리기를 강조하면 효과적인 경우도 있다.

손바닥과 클럽페이스의 방향

손바닥의 방향과 클럽페이스의 방향은 평행이어야 한다.

손바닥의 방향과 평행하는 클럽페이스의 방향이란 그림에서 A(로프트가 0도일 때의 방향)를 말한다. 이때 B와 평행이 된다고 오해하지 않도록 한다.

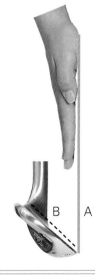

근육이 최대스피드로 움직이는 것은 최대근력의 15%일 때

근육을 최대스피드로 움직이게 하는 것은 그 근육의 최대출력이 약 15%로 움직일 때이다. 골프에서는 악력 50kg이 사람이 7~8kg의 힘으로 클럽을 쥐고 있을 때 '뚜껑을 연 치약튜브를 쥐고 있는 정도', '작은 새를 살짝 잡고 있는 느낌'과 같이 표현한다.

공을 멀리 보내려는 심리적 흥분이 너무 높아지면 근긴장도도 높아져 어깨나 팔이 경직되어버린다. 드라이버샷을 잘 날리려면 그립은 부드러워야 한다.

클럽스윙

클럽은 양팔끝에 있어, 몸과 팔에 의해 휘둘러지는 수동적인 도구이다. 클럽을 거꾸로 잡고 스윙연습을 하면 헤드의 무게에서 해방되어 샤프트를 휘두르는 감각이 길러진다.

1. 오른손으로 클럽을 거꾸로 잡고 하는 스윙 연습

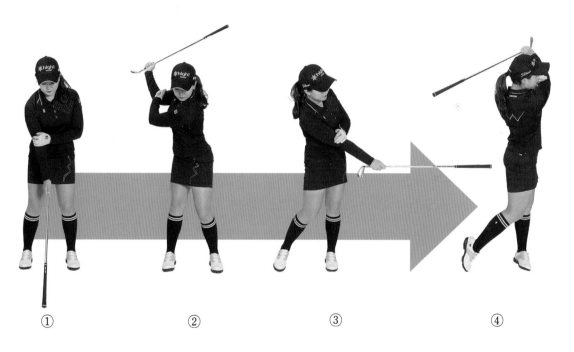

① ② ③ ④

① 톱에서 오른쪽 겨드랑이가 벌어지지 않도록 왼손으로 오른팔을 가볍게 누른다.
② 다운을 시작할 때 왼손으로 오른팔을 끌어내린다. 이때 손목을 부드럽게, 충분히 콕 (cock)하는 것이 중요하다.
③ 오른쪽 손목을 부드럽게 하여 폴로스루 시에는 '획'하는 소리가 나게 한다.
④ 오른팔은 힘을 빼고, 오른손 엄지손가락이 왼쪽 귀에 닿을 정도로 올린다. 체중은 왼발 에 싣는다. 오른발 안쪽은 뒤를 향하게 한다.

2. 왼손으로 클럽을 거꾸로 잡고 하는 스윙 연습

이 연습으로 리스트콕(wrist cock)과 피니시를 좋게 할 수 있다. 어드레스 시 왼팔과 클럽 샤프트는 엄지손가락쪽으로 150~140도를 이루지만, 백스윙 중에는 손목이 꺾여 서서히 90도에 가까워지게 된다. 왼손의 엄지방향으로 콕되는 것은 90도가 한계이다. 이때 왼쪽 그립의 새끼손가락이 휘어지면 90도 이상이 되어버린다.

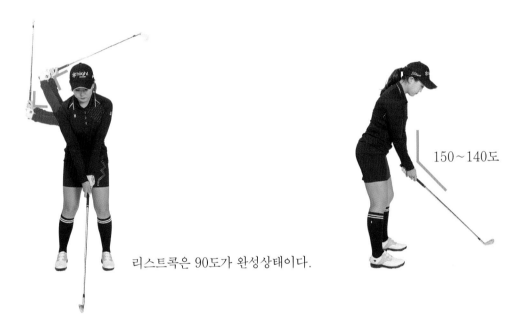

리스트콕은 90도가 완성상태이다.

150~140도

왼쪽 손등은 플랫상태를 유지한다.
처음으로 클럽샤프트를 수평으로 했을 때부터 피니시까지 왼쪽 손등은 계속하여 '플랫상태'를 유지해야 한다.

다운스윙 시에는 90도를 유지한다.
처음으로 90도를 만든 리스트콕은 다운스윙에서 다시 한 번 클럽샤프트가 수평이 될 때까지 90도를 계속해서 유지한다.

리콕(recock)
임팩트에서 원심력에 의해 한 번 펴진 손목은 폴로스루에서 다시 한 번 90도로 돌아간다(이 동작을 리콕이라고 한다).

3개의 직각 만들기
마음껏 휘둘렀으면 3개의 직각(클럽샤프트와 아래팔이 직각, 아래팔과 윗팔이 직각, 윗팔과 몸통이 직각)상태를 만든다.

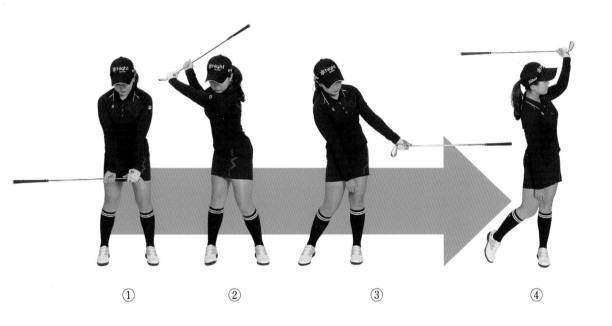

① 오른손은 안쪽부터 샤프트를 적당히 잡는다.

　왼손 손등은 플랫하게 한다.

　양손의 간격은 어깨너비보다 약간 좁힌다.

② 왼쪽 손등은 플랫상태를 유지한다.

　오른손으로 끌어당겨 올리면 왼쪽 팔꿈치가 굽혀지지 않는다.

③ 왼쪽 손등은 플랫상태를 유지한다.

　폴로스루는 '휙'하고 소리가 나도록 한다.

　샤프트가 수평으로 될 때까지 오른손을 떼지 않는다.

④ 3가지 각도를 만든다.

　왼쪽 손등은 플랫상태를 유지한다.

3. 얼터네이트 스윙과 더블 클럽스윙 연습

이것은 오른손이 하는 일과 왼손이 하는 일을 동일하게 하는 연습방법이다.

얼터네이트 스윙(alternate swing)은 클럽을 반대로 쥔 상태에서 오른손과 왼손을 한쪽씩 교대로 하는 스윙이다. 이때 톱에서 피니시로, 피니시에서 톱으로 왕복스윙을 하면서 톱에 왔을 때 오른손에서 왼손으로, 왼손에서 오른손으로 재빨리 바꿔잡는다.

더블 클럽스윙(double club swing)은 왼손과 오른손에 각각 클럽을 하나씩 쥐고, 양팔을 함께 휘두르면서 왕복스윙을 하는 것이다.

얼터네이트 스윙 연습-한손씩 교대로 스윙

오른손만으로 하는 스윙

🌱 톱에 왔을 때 재빨리 바꿔 잡는다.

🌱 클럽을 잡고 있지 않은 손 도 잡고 있는 손과 함께 움 직인다.

왼손만으로 하는 스윙

🌱 오른손만으로 휘두르거나, 왼손 만으로 휘둘러도 클럽은 같은 움직임이 되어야 한다.

더블 클럽스윙 연습

2개의 클럽이 따로따로가 되지 않고 평행이 되도록 휘두른다.

참고
Reference

지레작용(lever system)과 채찍작용(whip-like action)의 가속효과

스윙을 하면 어깨·팔꿈치·손목의 3군데에서 '지레작용'이 나타난다. 몸 전체를 부드럽게 써서 스윙하면 채찍작용에 의해 가속효과가 좋아진다.

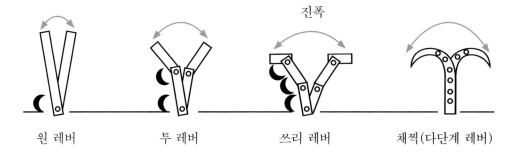

| 원 레버 | 투 레버 | 쓰리 레버 | 채찍(다단계 레버) |

인사이드 무브 아웃사이드(inside move outside)

회전의 중심쪽(inside move)은 진폭도 작고 움직임도 느리지만, 회전의 바깥쪽(outside move)은 진폭도 크고 움직임도 빨라진다.

골프 스윙에서는 몸 안쪽이 바깥쪽을 움직이게 하므로 중심쪽의 움직임, 즉 보디스윙(body swing)이 잘못되면 클럽헤드의 움직임은 10배 더 이상하게 나타난다.

● 왼쪽 어깨의 움직임은 약 70cm

● 손의 움직임은 약 210cm

● 클럽헤드의 움직임은 약 700cm

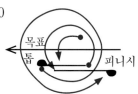

릴리스(release)의 효과

골프 스윙에서 릴리스(release)는 다운스윙에서 가속되어 축적되어온 에너지를 임팩트에서 해방시켜 한꺼번에 헤드스피드를 높이는 것이다.

왼손으로 클럽을 거꾸로 잡고 스윙할 때 이 릴리스를 연습한다. 스윙의 톱에서 다운스윙으로 들어와 클럽샤프트가 수평이 될 때까지는 오른손을 떼지 않는다. 오른손을 떼는 타이밍은 클럽 샤프트가 수평이 될 때보다 너무 빨라서도 안 되고, 너무 늦어서도 안 된다.

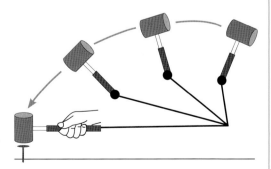

● 임팩트는 '가위바위보'에서 '보'의 느낌으로
● 가위바위보에서 바위의 느낌은 안 된다.

그립

보디(body), 암(arm), 클럽(club)의 스윙연습이 끝나면 올바른 그립(grip)으로 좋은 스윙법을 익혀야 한다.

클럽을 쥐는 방법을 '그립(grip)'이라고 하는데, 이는 인체와 클럽의 접점으로 중요한 역할을 담당한다. 올바른 그립이 되지 않으면 클럽은 자신의 의지대로 움직여주지 않는다. 따라서 좋은 스윙의 필수조건 중 하나가 '그립'이다.

오른쪽 손바닥으로 왼쪽 엄지를 감싸듯이 해서 양손을 밀착시킨다.

스퀘어그립이 아닌 그립은 기본이 아니다.

스퀘어그립은 오른손 손바닥과 왼손 손등이 목표선과 직각으로 위치해야 한다.

스퀘어가 아닌 그립은 모두 기본적인 그립이라고는 할 수 없다.

의식적으로 훅볼(hook ball)이나 슬라이스볼(slice ball)을 치기 위해 그립의 모양을 바꾸는 것은 '응용그립'으로 볼 수 있다.

클로즈드 페이스 그립(closed face grip, 일명 hook grip)

스퀘어그립에서 양손을 시계방향으로 약간 돌려 왼손 손등(오른손 손바닥)이 위를 향하는 그립으로, 임팩트 시에 클럽페이스가 클로즈드가 되므로 훅볼이 나오기 쉽다.

※ '스트롱그립(strong grip)'이라고 부르는 것은 스트롱(강하다)에서 연상된 것으로 '강하다=좋다'고 오해받을 수 있으므로 쓰지 않도록 한다.

오픈 페이스 그립(open face grip, 일명 slice grip)

스퀘어그립에서 양손을 반시계방향으로 약간 돌려 왼손 손바닥(오른손 손등)이 위를 향하는 그립으로, 임팩트 시에 클럽페이스가 오픈이 되므로 슬라이스볼이 나오기 쉽다.

※ '위크그립(weak grip)'이라고 부르는 것은 위크에서 연상된 것으로 '약하다＝나쁘다'라
  고 오해받을 수 있으므로 쓰지 않도록 한다.
"골프는 그립에서 시작해서 그립으로 끝난다"라고도 하지만, 처음부터 그립을 익히고 그다
음에 타구연습으로 들어가는 방법으로는 올바른 스윙을 익히기 어렵다. 공을 치기 전에 '보
디(body)→팔(arm)→클럽(club)'의 순서로 기본적인 스윙폼을 만들고, 그 후에 그립을
익혀 타구연습에 들어가는 시스템쪽이 효과적인 방법이다.

1. 그립의 기본

그립의 기본은 '스퀘어그립과 9핑거그립(square & 9 finger grip)'이다.
임팩트 때 오른쪽 손바닥이 목표선에 대해 직각이 되도록 쥐는 그립이 스퀘어그립(square
grip)이다. 이 그립은 공을 목표방향으로 쳐내기 위해 적합한데, 쥐는 방법은 다음과 같다.

🏌 양쪽 손바닥은 마주본다.
🏌 양손의 조합법에서 가장 기본적인 것은 오른손 새끼손가락이 왼손 둘째·셋째손가락 사
  이를 덮게 하여 9개의 손가락으로 클럽을 쥐는 나인핑거그립(9 finger grip)이다.
🏌 오버래핑그립(overlapping grip)으로도 불리며, 양손의 일체감을 만들기 쉬운 이점이
  있다.
🏌 스퀘어 & 9핑거에 의한 그립이 기본적인 그립이라고 할 수 있다.

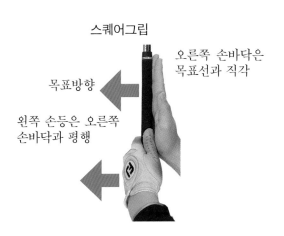

스퀘어그립

오른쪽 손바닥은
목표선과 직각

목표방향

왼쪽 손등은 오른쪽
손바닥과 평행

9핑거그립
오른손 넷째손가락은
샤프트를 휘감는다.
오른손 새끼손가락을
왼손 둘째·셋째손가
락 사이에 넣는다.

그립엔드를 1.5cm 정도 남기고 쥔다.

좌우 손을 같은 모양으로 쥐는 '더블퀘스천 마크(double question mark)'

스퀘어그립을 위에서 보면 오른손과 왼손의 둘째손가락은 '퀘스천 마크(question mark)'처럼 보인다. 따라서 좌우 같은 모양의 '더블퀘스천 마크'라고 생각하면서 그립을 잡는다.

둘째와 엄지손가락으로 이루어진 'V자는 스윙의 중심(점)을 가리킨다.

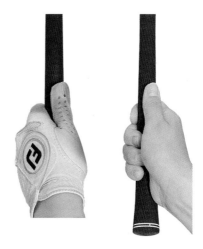

왼쪽 엄지는 그립의 중앙보다 오른쪽(1시 방향)에 둔다.

오른쪽 엄지는 그립의 중앙보다 왼쪽(11시 방향)에 둔다.

왼손과 오른손 모두 엄지가 앞으로 나오는 '롱썸(long thumb)'형은 좋지 않다.

슬라이스와 훅을 그립에서 교정해서는 안 된다.

잘못된 구질을 교정할 때 그립을 바꾸는 것은 좋지 않다. 그립은 어디까지나 스퀘어로 해두고 우선 B→A→C 부분을 교정해야 한다.

참고
Reference

임팩트 순간 손바닥은 목표선과 직각이 되어야 한다.

2. 그립의 강도

그립은 부드럽게 잡아야 한다

그립은 되도록 부드럽게 잡는다. 최대스피드가 나는 스윙은 최대악력의 15% 정도로 쥐었을 때이다.

🏌 가장 잘 날아가는 드라이버샷은 가장 부드럽게 쥘 때이다. 이때 쥐는 강도(pressure)는 '작은 새를 살짝 잡고 있는 느낌', '뚜껑을 연 치약튜브를 잡고 있는 느낌', '유치원생과 악수하는 정도의 세기' 등으로 표현할 수 있다.

🏌 헤비 러프(heavy rough)나 계란프라이모양의 벙커에서는 잔디나 모래의 저항에 영향을 받지 않도록 세게 쥐어야 한다. 그대신 거리는 나지 않는다.

🏌 왼손 새끼손가락은 40~50%로 악력으로 쥔다. 드라이버샷을 쥐는 강도는 15%이므로 악력 50kg인 사람이라면 7~8kg의 강도가 된다. 다만 왼손 새끼손가락은 40~50%, 20~25kg의 강도로 쥔다.

그립의 강도를 확인하는 방법

그립의 강도는 다음의 방법으로 확인할 수 있다.

🏌 처음에 그립의 모양을 만들고, 클럽을 수직으로 세워 잡는다.

🏌 양손을 최대악력으로 쥐고, '5'라고 외친다.

🏌 다음으로 '4-3-2-1-0'이라고 외쳐가며 악력을 풀어가면, '0'에서는 그립이 완전이 풀려 클럽이 손 안에서 미끄러지게 된다.

🏌 왼손 새끼손가락은 '2' 정도, 나머지 손가락은 '1' 정도의 강도로 쥐면 좋은 그립강도가 된다.

섀도스윙으로 기본스윙을 완성

스윙연습을 할 때에는 지금까지 살펴본 연습방법이 모두 포함된다. 그립이 되면 클럽을 잡고 스윙을 해본다. 이것이 '섀도스윙(shadow-swing)'으로 스윙폼의 완성형이다.

이때에는 보디스윙(B)→암스윙(A)→클럽스윙(C)에서 했던 모든 연습을 하나하나 확인해가면서 완전한 스윙을 만들어내는 것이 중요하다. 연습스윙이 정확하게 되지 않으면 공을 칠 수 있는 정확한 스윙이 될 수 없다.

1. 숏클럽으로 하는 스윙 연습

타구연습의 제일 첫 단계로, 사진처럼 숏클럽과 스윙테이블을 이용한 연습은 지금까지 만들어온 스윙폼을 확인하면서 스윙할 수 있는 효과적인 연습방법이다.

2. 스윙리듬 만들기

'부분적인 강약과 완급의 변화가 반복해서 행해지는 일련의 주기적 동작'을 운동의 '리듬'이라고 한다. 골프 스윙은 팔과 클럽에 의한 진자운동과 윗몸의 회전운동을 결합시킨 것으로, 독특한 리듬을 갖고 있다. 릴랙스된 자세에서 천천히 백스윙을 하고, 포워드스윙에서는 중심이동을 하면서 클럽헤드를 가속시켜 임팩트부터 폴로스루에 걸쳐 최대스피드로 쳐내서 안정된 피니시로 끝내야 좋은 스윙리듬을 탈 수 있다. 이 스윙리듬은 감각적으로 몸에 익혀야 한다.

안정된 자세에서 천천히 백스윙을 한다

안정된 피니시

가속

3. 템포 만들기

사용하는 클럽의 그립엔드를 잡고 진자처럼 흔들 때의 왕복속도가 템포의 표준이다. 이 템포는 '하나', '둘'하고 소리를 내면서 확인한다.

4. 왕복스윙 연습(진자스윙 연습)

톱에서 피니시로, 피니시에서 톱으로 왕복하는 '왕복스윙'의 연습은 진자운동(pendulum movement)의 확인과 '템포와 리듬'을 만드는 데 효과가 있다.
클럽 2개를 잡고 왕복스윙을 하면 그 중량부하에 의해 파워가 강화되며, 나아가 너무 빠른 템포의 교정에도 효과적이다.

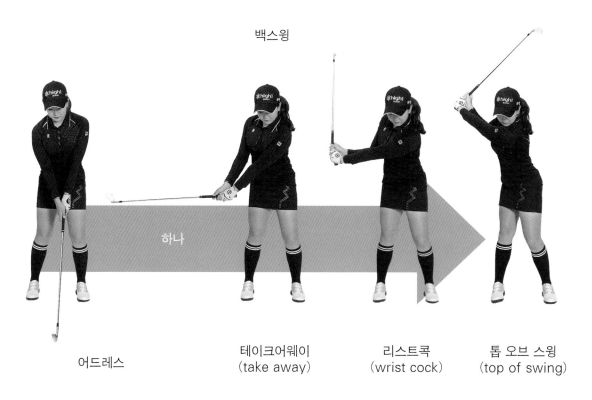

백스윙

어드레스　테이크어웨이 (take away)　리스트콕 (wrist cock)　톱 오브 스윙 (top of swing)

- 스텐스는 어깨너비 정도
- 편안한 전방경사 자세
- 스퀘어그립

- 클럽헤드에서 시동
- 왼손 손등이 정면을 향하게 한다.

- 왼쪽 팔꿈치는 편다
- 왼팔과 클럽샤프트 는 90도를 유지한 다.
- 오른쪽 엄지발가락 은 지면에서 떼지 않는다.

- 왼쪽 어깨를 충분히 돌린다(coil up)
- 체중은 오른쪽 무릎 위로
- 톱에서 왼쪽 손목은 아래팔과 같은 평면 에 오도록 한다.
- 스윙의 중심축 유지

포워드스윙

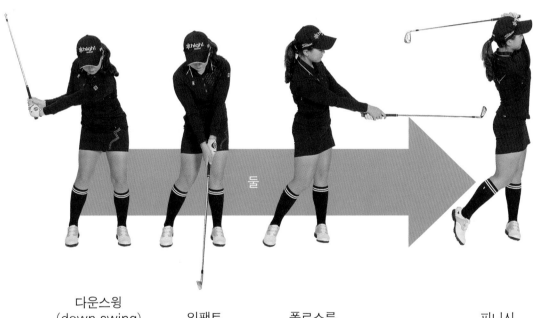

둘

다운스윙 (down swing)	임팩트	폴로스루	피니시
- 다운스윙은 왼쪽 허리의 리드로 시동하고, 이어서 팔→샤프트의 순으로 한다 - 손목의 콕은 빨리 풀지 않는다. - 체중은 왼발로 이행한다.	- 왼팔과 클럽샤프트는 일직선이 된다. - 오른쪽 손목은 다 펴지지 않는다.	- 체중은 계속해서 왼발에 싣는다. - 그립엔드는 왼쪽 엉덩뼈 안쪽을 가리킨다.	- 오른쪽 무릎은 왼쪽 무릎 안쪽으로 가고, 오른발은 발끝으로 서게 된다. - 몸의 정면이 목표방향을 향한다. - 체중은 계속해서 왼발에 싣는다.

타구연습

스윙연습을 스무스하게 할 수 있게 되면 타구연습을 시작한다. 타구연습에도 역시 순서가 있다. 갑자기 풀스윙으로 공을 쳐도 나이스샷(nice shot)은 기대할 수 없으므로, 상상의 시계(image clock)를 이용한 스윙연습으로 작은 스윙부터 서서히 큰 스윙으로 이행시킨다.

1. 상상의 시계를 이용한 스윙 연습

암스윙(arm swing)에서 하던 연습방법을 이번에는 클럽을 가지고 한다.

🏌 '7→5시', '6→4시', '9→3시', '10→2시'의 순으로 스윙을 크게 해간다.

🏌 어깨 · 허리의 턴, 중심이동, 팔을 휘두르는 크기, 그리고 스윙아크의 길이(swing-arc length)와 비거리는 각각 1/4, 2/4, 3/4, 4/4로 비례한다.

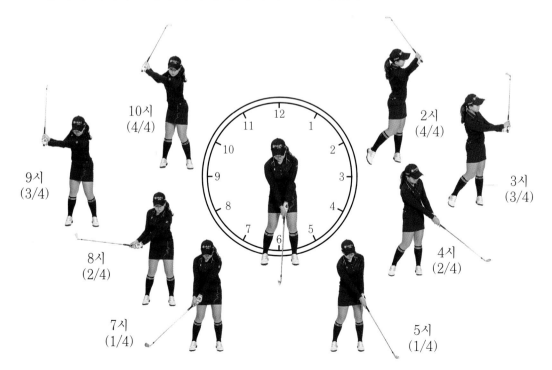

스윙의 크기와 비거리를 비례시킨다

100야드 이내의 거리에서는 보통 피칭웨지(pitching wedge)를 가지고 상상의 시계를 이용하여 비거리를 콘트롤한다. 비거리는 임팩트의 강약보다 스윙의 크기로 조절한다.

	남성	여성
4/4(풀스윙)	100야드	80야드
3/4(쓰리쿼트스윙)	75	60
2/4(하프스윙)	50	40
1/4(쿼터스윙)	25	20

오버스윙(over swing)에서는 저스트미트(just meet)하기 어렵다.

풀스윙은 '10→2시' 방향이다. 그 이상의 스윙, 예를 들어 '11→1시' 등은 스윙아크의 저스트미트율을 저하시키는 오버스윙이 될 수 있다.

2. 스윙폼의 완성도 높이기

상상의 시계를 이용한 스윙연습으로 스윙폼의 완성도를 높이는 방법은 다음과 같다.

7시←5시 스윙(쿼터스윙=1/4스윙)

백스윙에서 왼쪽 손목을 살짝 콕하고, 왼쪽 아래팔과 왼쪽 손등은 플랫하게 한다. 폴로스루까지 플랫상태는 유지되어야 한다.

8시←4시 스윙(하프스윙=2/4스윙)

백스윙에서 클럽샤프트는 발끝선상에서 수평이 된다. 폴로스루에서는 그립엔드가 왼쪽 엉덩뼈 안쪽을 가리키는 상태에서 클럽샤프트가 수평이 된다.

7시
(1/4)   5시
(1/4)

8시
(2/4)   4시
(2/4)

9시↔3시 스윙(쓰리쿼터스윙=3/4스윙)

백스윙과 폴로스루에서 클럽샤프트는 아래 팔과 직각이 된다.

10시↔2시 스윙(풀스윙=4/4스윙)

풀스윙의 10시 포즈를 만들려면 7시, 8시, 9시의 포즈를 경과하여 10시에 도달해야 된다. 백스윙과 폴로스루에서 클럽샤프트는 반대방향을 가리켜야 한다(드라이버의 경우 클럽샤프트는 수평).

9시
(3/4)

3시
(3/4)

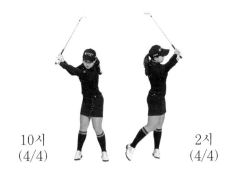

10시
(4/4)

2시
(4/4)

제 2장

스윙폼 체크포인트

앞에서 본 'B→A→C' 형성법에 의해 완성된 스윙폼이 올바른지 아닌지
를 확인하려면 '거울을 본다', '다른 사람에게 보여준다', 'VTR촬영을 한
다' 등의 방법을 활용할 수도 있다. 이때 어떤 부분을 어떻게 보면 좋을지
체크포인트를 반드시 알아두어야 한다.

체크포인트는 11가지 포즈

어드레스부터 피니시까지에는 기술적으로 중요한 11가지 체크포인트가 있다. 이 체크포인트를 '포즈(pose : 정지한 자세)'로 잡아 올바른 포즈를 지도하고, 잘못을 교정한다.

체크포인트의 종류

🏌 어드레스……체크포인트 1
🏌 백스윙……체크포인트 2~4
🏌 다운스윙……체크포인트 5~7
🏌 폴로스루……체크포인트 8~10
🏌 피니시……체크포인트 11

MAX(maximum : 최대)와 MIN(minimum : 최소)
겉으로 보이는 스윙폼 중에서 특히 백스윙은 사용하는 클럽의 길이에 따라 '포즈(자세 : pose)'가 달라진다.
가장 긴 W1(드라이버)은 'MAX', 가장 짧은 SW(샌드웨지)를 'MIN'으로 하고, 다른 클럽은 그 사이에 분포된 것으로 보고 포즈를 체크한다.

체크포인트 〈1〉 어드레스

처음은 '어드레스'(address, set-up이라고도 한다)를 체크하는데, 이것은 체크포인트 1로 한다. 체크할 때에는 '정면'이나 '풋라인 후방'에서부터 한다.

1. 어드레스 시에는 'y'를 만든다

어드레스 시에는 왼팔과 클럽샤프트가 일직선이 되게 한다. 여기에 오른팔을 갖다대면 오른팔과의 관계는 'y(소문자)'가 된다.

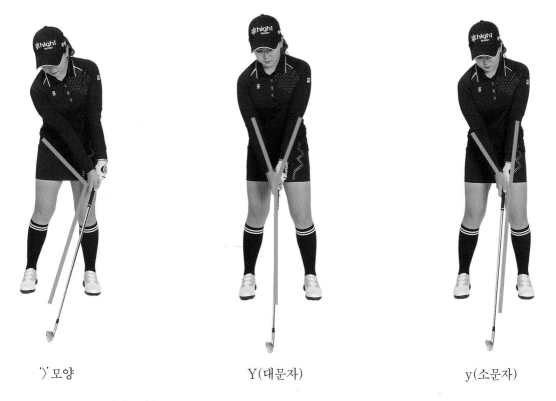

'ʝ' 모양　　　　　　　　Y(대문자)　　　　　　　　y(소문자)

'Y'나 'ʝ' 자세로는 보디스윙을 중심으로 하는 스윙은 할 수 없다

그립엔드는 '왼쪽 엉덩뼈의 안쪽'을 가리 킨다

어드레스 시 드라이버에서 웨지까지 모든 클럽의 그립엔드는 왼쪽 엉덩뼈의 안쪽을 가리켜야 한다. '배꼽을 가리키라는 말'은 잘못된 것으로, 이렇게 하면 Y가 되어버 린다.

오른쪽 눈⇒오른쪽 그립의 V⇒왼발은 일직선 이 되어야 한다.

그립엔드가 왼쪽 엉덩뼈 안쪽을 가리키는 y 자세를 하면 '오른쪽 눈⇒오른쪽 그립의 V⇒왼발'은 일직선이 된다. 이때 왼쪽 눈 을 감고 오른쪽 그립의 'V'와 왼발이 겹쳐 지게 보이는 것을 확인한다.

2. 전방경사 각도

전방경사 각도는 사용하는 클럽에 따라 달라진다.

🏌 가장 긴 드라이버(W1)는 전방경사 각도가 가장 적어서 목뼈에서는 약 45도가 된다.

🏌 가장 짧은 샌드웨지(sand wedge)는 전방경사 각도가 가장 커서 약 55도가 된다.

🏌 기본스윙의 형성단계에서는 6번 아이언을 쓰므로 전방경사 각도는 50도 정도가 적당하다.

🏌 클럽샤프트와 지표가 만드는 각도는 목뼈의 전방경사 각도와 같아지게 되며, 클럽샤프트의 연장선은 목뼈와 직각으로 교차하게 된다.

MAX
드라이버 사용 시의 전방경사 각도는 약 45도

MIN
웨지 사용 시의 전방경사 각도는 약 55도

스윙의 중심(어깨의 중심)은 풋라인 바로 위에 위치한다.

3. 어드레스의 기본-스퀘어 스탠스

어드레스의 기본은 그림과 같이 3개의 라인이 각각 직각으로 교차하는 스퀘어 어드레스인데, 통상 '스퀘어 스탠스'라고 한다. 이는 목표지점을 향해 똑바로 날아가는 스트레이트볼을 치는 준비자세이다.

한편 스퀘어 스탠스가 아닌 어드레스에는 오픈 스탠스, 클로즈드 스탠스가 있다.

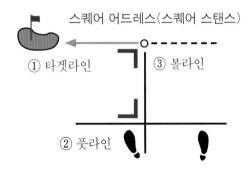

스퀘어 어드레스(스퀘어 스탠스)
① 타겟라인 ③ 볼라인
② 풋라인

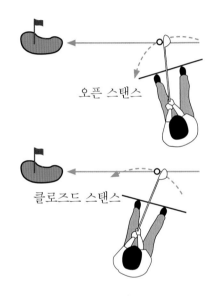

오픈 스탠스

클로즈드 스탠스

몸은 목표선과 평행을 유지해야 한다.

스퀘어 스탠스에서는 어드레스 시에 어깨 · 허리 · 무릎 · 발의 선이 목표선과 평행을 유지해야 한다. 특히 양쪽 눈을 잇는 선(eye line)은 목표선과 평행해야 한다.

미숙련자에게 많은 실수는 몸의 선이 목표를 향하는 자세를 취하는 것이다.

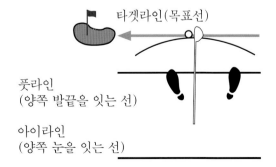

타겟라인(목표선)

풋라인
(양쪽 발끝을 잇는 선)

아이라인
(양쪽 눈을 잇는 선)

볼라인은 사용하는 클럽에 따라 바뀐다

볼라인은 사용하는 클럽에 따라 달라지는데, 그 이유는 클럽마다 '풀각도(pull angle)'가 다르기 때문이다. 드라이버는 풀각도가 작고, 어퍼블로로 치도록 설계되어 있다. 숏아이언 은 풀각도가 크고, 다운블로로 치도록 설계되어 있다.

어드레스 시에 그립엔드가 왼쪽 엉덩뼈 안쪽을 가리키도록 자세를 취하면 볼라인은 드라이 버에서 왼쪽 발꿈치와의 선이, 웨지에서는 스탠스의 중앙이 되는 것이 표준이다.

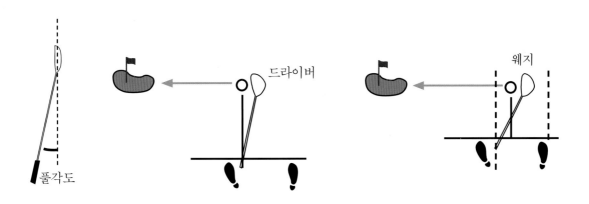

볼라인(볼의 위치)의 기본과 응용

기본적인 어드레스에서는 그립엔드가 왼쪽 엉덩 뼈 안쪽을 가리키도록 클럽의 풀각도에 순응하 여 자세를 취한다. 그러다가 클럽이 짧아짐에 따 라 스탠스가 좁아져서(오른발이 왼발에 가까워 져) 볼위치는 오른쪽으로 가까워진다. 샌드웨지 (SW)의 볼위치는 드라이버(W1)보다 볼 2개만 큼 오른쪽이 되어 좁아진 스탠스의 중앙이 된다.

볼 3개 분의 너비 가운데로 이동한다.

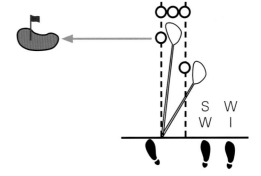

4. 어드레스의 순서를 정하는 프리샷 루틴

어드레스에 들어가는 일련의 동작을 습관화해두는 것을 프리샷 루틴(pre-shot routine)이라고 한다. 프리샷 루틴에는 3가지 방법이 있는데, 그 앞글자를 따서 'GAS'라고 부른다.

G→grip(클럽을 쥐는 방법을 확인한다)

A→aiming(목표선 설정을 확인한다)

S→set-up(몸을 준비시키는 방법을 확인한다)

좋아! 라고 생각한 순간 스윙을 개시한다.

공 뒤쪽에 서서 목표선을 확인하면서 그립을 잡는다.

클럽페이스가 목표와 직각이 되도록 헤드를 둔다.

발의 위치를 정한다.

다시 한번 목표를 확인하면서 클럽헤드를 가볍게 움직여본다(waggle).

공에 1~2m 앞의 목표선상에 표시물을 찾아두는 것이 좋다.

참고
Reference

어드레스만 보아도 그 골퍼의 실력을 90%는 알 수 있다.

5. 발의 위치를 정하는 스탠스 루틴

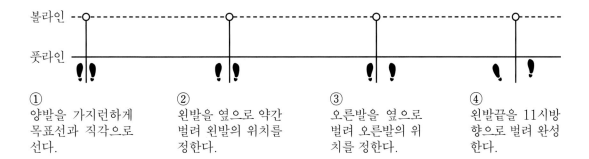

① 양발을 가지런하게 목표선과 직각으로 선다.

② 왼발을 옆으로 약간 벌려 왼발의 위치를 정한다.

③ 오른발을 옆으로 벌려 오른발의 위치를 정한다.

④ 왼발끝을 11시방향으로 벌려 완성한다.

②에서 왼발의 이동은 사용하는 클럽에 따라 달라진다. W1(드라이버)의 경우에는 왼발은 그대로 두고 오른발만 이동시킨다. 6번 아이언의 경우에는 왼발을 볼 1개분 왼쪽으로 이동시키고 오른발을 이동시킨다. SW(웨지)의 경우에는 왼발을 볼 2개분 왼쪽으로 이동시키고 오른발을 이동시킨다.

그다음에 왼발끝은 시계의 11시 방향으로 벌린다.

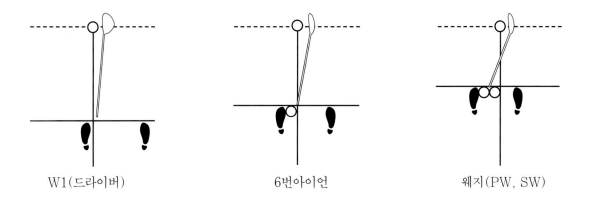

W1(드라이버)   6번아이언   웨지(PW, SW)

참고
Reference

윗몸의 전방경사 각도와 그립의 위치는 바꾸지 않고 클럽샤프트의 각도만 바꾸는 것은 잘못된 방법이다. 사용하는 클럽이 달라지면 윗몸의 전방경사 각도, 그립, 넙다리의 간격 등이 변화하게 된다.

체크포인트 〈2〉 백스윙의 테이크어웨이

어드레스 자세에서 클럽을 치켜올려가는 동작을 백스윙이라고 한다.
백스윙 시에는 테이크어웨이, 리스트콕의 완성, 톱 오브 스윙의 3곳에 체크포인트를 두고
스윙폼을 체크한다.

백스윙의 초기동작에서 클럽샤프트가 지면과 수평이 될 때까지를 '테이크어웨이(take away)'라고 한다('테이크백(take back)'은 일본식 영어이다).
클럽샤프트가 지면과 수평이 되는 위치에서 다음의 4가지를 체크한다.

🏌 사용하는 클럽에 따른 '수평이 되는 높이'의 차이
🏌 왼손 손등쪽이 '플랫 리스트(flat wrist)'
🏌 클럽샤프트 전체가 '온 더 풋 라인(on the foot line)'
🏌 클럽헤드가 '토업(toe-up)'

1. 왼쪽 손등쪽의 플랫 리스트를 체크한다

어드레스 시에 약간 각도가 있었던 왼쪽 손등쪽은 이 시점에
서는 플랫하게 되며, 왼쪽 손등은 정면을 향한다.
※ 적ㆍ백색 보드를 이용한 스윙 연습 참조

2. 사용하는 클럽에 따라 클럽샤프트가 수평이 되는 높이를 체크한다

MAX→ 가장 높은 것은 W1(드라이버)이며, 수평라인은 엉덩뼈(ilium) 높이이다.
MIN→ 가장 낮은 것은 SW(샌드웨지)이며, 수평라인은 넙다리 중간 높이이다.
다른 11개의 클럽은 이 사이에 균등하게 분포되어 있다.

MIN(샌드웨지)
넙다리 중간 높이에서 수평

MAX(드라이버)
허리뼈 높이에서 수평

3. 클럽샤프트 전체가 온 더 풋라인인지를 체크한다

🏌 클럽샤프트가 수평이 될 때는 클럽샤프트 전체가 풋라인(발끝 라인)의 바로 위에 위치한다. 이것은 MAX(드라이버)부터 MIN(샌드웨지)까지 공통인데, 이것을 '온 더 풋 라인(on the foor line)'이라고 한다.

🏌 풋라인 뒤쪽에서 보면 다음과 같이 세로로 수직선이 된다.

풋라인

스윙의 중심(점)

↓

클럽헤드

↓

오른발끝 라인

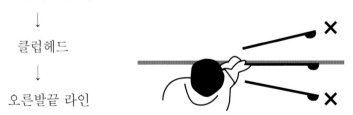

🏌 클럽샤프트를 풋라인보다 안쪽(인사이드)으로 너무 당기거나, 바깥쪽(아웃사이드)으로 너무 당기면 올바른 톱(top)의 위치로 가기 어렵다.

4. 클럽헤드의 토업 포지션을 체크한다

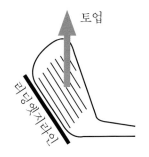

토업

리딩엣지라인

🏌 클럽샤프트가 수평이 된 시점에서 클럽헤드의 끝은 바로 위를 가리킨다(toe-up).

🏌 '토업(toe-up)'을 정확하게 말하면, 클럽헤드의 리딩엣지라인이 풋라인 위에서 똑바로 되는 것이다.

연습 시에는 그림과 같은 화살표를 만들어 클럽페이스에 붙인다.

🏌 스윙 중에 클럽샤프트가 수평이 되는 지점은

🌷 백스윙 도중

🌷 다운스윙 도중

🌷 폴로스루 도중

의 3곳이 있지만, 이 3곳에서는 어디에서나 클럽헤드는 토업한다. 임팩트에서 클럽페이스를 목표선과 직각이 되게 하려면 이 3곳의 토업을 만드는 것이 중요하다.

올바른 토업 포지션
그 시점에서 왼쪽 손등 쪽은 플랫해진다.

🏌 리딩엣지라인이 앞으로 기울면 클로즈드 페이스가 되고, 뒤로 기울면 오픈 페이스가 된다. 이 시점에서 토업 포지션이 되지 않으면 스윙 중에 클럽헤드의 궤도가 루프곡선(왕복궤도가 8자를 그리는 곡선)을 그리게 되어 심플한 스윙이 되지 않는다.

오픈 페이스

클로즈드 페이스

참고
Reference

- 오픈 페이스가 되는 예는 적지만, 클로즈드 페이스가 되는 잘못된 예는 프로골퍼에게서도 자주 나타난다.
- 어드레스에서는 정면의 사람과 악수하고, 테이크어웨이에서는 오른쪽에 있는 사람과 악수한다.

체크포인트 〈3〉 백스윙의 리스트콕

손목을 꺾어 구부리는 것을 '리스트콕(wrist cock, 혹은 wrist hinging)'이라고 한다. 왼쪽 손목은 엄지손가락쪽으로 콕되므로 왼손 새끼손가락이 풀리기 전까지 콕은 왼팔과 클럽샤프트가 직각(90도)을 이루면 완성상태가 되며, 그다음 다운스윙에서 다시 한 번 클럽샤프트가 수평이 될 때까지 직각상태를 유지한다.

백스윙의 2번째 체크포인트는 이 리스트콕이 완성되는 위치의 체크이다.

1. 리스트콕이 완성되는 높이를 체크한다

왼팔과 클럽샤프트의 각도는 클럽샤프트가 수평이 된 높이의 약 20cm 위에서 직각(90도)이 된다. 이 높이는 사용하는 클럽에 따라 다르다.

MIN(샌드웨지)는 오른쪽 허리 높이에서 왼팔과 클럽샤프트가 직각을 이룬다. 정면에서 보면 클럽샤프트는 지면과 45도로 보인다.

MAX(드라이버)는 오른쪽 가슴높이(왼쪽 어깨높이)에서 왼팔과 클럽샤프트가 직각을 이룬다. 정면에서 보면 클럽샤프트는 지면과 수직으로 보인다.

2. 엘보플레인

오른쪽 팔꿈치의 위치을 보면 체크하는 리스트
콕이 완성되는 시점에서는 오른쪽 팔꿈치는 굽
혀지지만, 이때의 오른쪽 팔꿈치의 위치를 풋
라인 뒤쪽에서 보면 클럽샤프트 연장선(샤프트
라인)을 포함하는 평면 위에 위치한다.

이 평면이 '엘보플레인(elbow plane)'인데, 백
스윙에서는 오른쪽 팔꿈치가, 폴로스루에서는
왼쪽 팔꿈치가 움직이는 플레인(평면)이 된다.
엘보플레인은 숄더플레인(어깨의 회전면)과 평
행이 된다. 드라이버의 경우 숄더플레인은 지
면과 45도이고, 엘보플레인도 45도이다.

오른쪽 팔꿈치는 엘보플레인
에서 벗어나지 않는다.

참고
Reference

클럽헤드는 부채꼴로 움직인다.

- 클럽페이스가 향하는 곳(leading edge
  line이 향하는 곳)은 어드레스 시에는 목표
  선과 직각이지만, 체크포인트 2에서는 목표
  선과 평행이 된다.
- 클럽헤드는 백스윙 시에는 부채꼴로 움직이
  며, 절대 직선적으로 당겨지지는 않는다.
- ※ '클럽헤드를 30~50cm 똑바로 뒤쪽으로
  당길 것'과 같은 지도방법은 잘못된 것이다.
- 다운스윙 시에 클럽헤드는 이와 반대로 움직이면서 임팩트로 향한다.

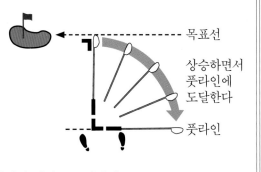

3. 스윙 중 왼쪽 손목은 플랫상태를 유지한다

어드레스에서 'y' 자세를 취하고 있어도 왼쪽 손등쪽에는 약간의 각도가 생긴다. 그러나 체크포인트⟨2⟩의 시점에서 이 각도는 없어져 왼쪽 손등은 왼쪽 아래팔과 플랫상태를 유지하게 된다.

여기에서부터 톱→다운→폴로스루까지 왼쪽 손등쪽은 플랫상태를 계속해서 유지한다. 이렇게 왼쪽 손등을 플랫상태로 유지하는 것을 '플랫리스트 킵(flat wrist keep)'이라고 하는데, 이는 볼콘트롤에서 중요한 기술이다.

| 어드레스 | 테이크어웨이 | 톱 오브 스윙 | 임팩트 직전 | 폴로스루 |

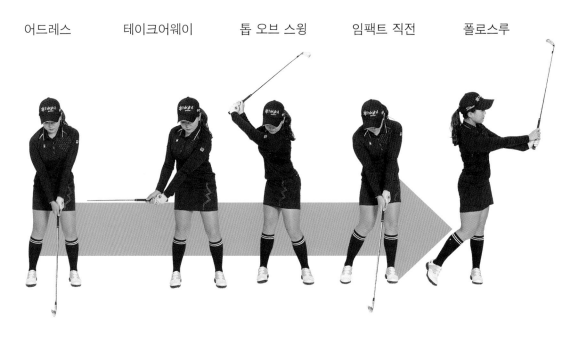

어드레스에서는 약간의 각도가 있다.

이 시점에서는 이미 왼쪽 손목은 플랫상태가 된다.

여기까지 플랫리스트가 유지된다.

체크포인트 〈4〉 백스윙의 톱 오브 스윙

체크포인트 〈3〉에서 완성된 리스트콕을 그 상태(90도)로 둔채 왼쪽 어깨를 좀더 회전시켜가서 비틀어 올려진 정도가 극한에 도달한 상태를 톱 오브 스윙(top of swing)이라고 한다.

1. 클럽샤프트의 위치

🏌 MAX(W1)의 경우……클럽샤프트가 지면과 수평이 되고 발꿈치선상에서 목표선과 평행이 된다. 클럽헤드가 수평보다 아래로 처지거나 발꿈치선보다 안쪽으로 들어와버리는 것을 오버스윙(over swing)이라고 한다.

🏌 MIN(SW)의 경우……MAX에 도달하기 전에 톱이 된다. 정면에서 보면 클럽샤프트는 지면과 45도로 보인다.

2. 클럽헤드 플레인

클럽헤드는 스윙 중에 공과 스윙의 중심(목 뼈의 점)을 잇는 선을 포함한 평면에서 벗어나지 않고 이동하는데, 이 평면이 '클럽헤드 플레인(clubhead plane)'이다.

❦ MAX(W1)의 경우……클럽헤드부터 그립엔드까지, 즉 클럽 전체가 클럽헤드 플레인상에 위치한다.

❦ MIN(SW)의 경우……MAX에 도달하기 전에 톱이 된다.

MAX(W1)에서는 오른쪽 아래팔은 전방경사 자세를 한 윗몸과 평행을 이룬다.

팔꿈치의 회전면

아래팔의 각도

윗몸의 전방경사 각도

클럽헤드 플레인(클럽헤드의 회전면)

샤프트 라인

3. 팔꿈치의 움직임

❦ 팔꿈치는 어드레스 시의 간격을 유지한다.

❦ 오른쪽 팔꿈치는 어드레스 시의 클럽샤프트라인 연장선을 포함하는 면, 즉 엘보플레인 (elbow plane) 위에 위치한다.

4. 전방경사 각도와 오른쪽 아래팔은 평행을 이룬다(오른쪽 사이드에 3개의 직각을 만든다)

❦ 윗몸의 전경각도는 유지된다(W1은 45도, SW는 55도).

❦ 윗몸의 전경각도와 오른쪽 아래팔은 평행이 된다. "오른쪽 팔꿈치는 똑바로 지면을 가리킨다"는 잘못된 표현이다.

❦ W1(드라이버)의 경우에는 클럽샤프트와 오른쪽 아래팔, 오른쪽 아래팔과 오른쪽 위팔, 오른쪽 위팔과 몸통은 각각 직각을 형성한다.

5. 톱 오브 스윙은 코일링의 최대이다

톱 오브 스윙(top of swing)에서는 클럽헤드가 톱에 도달하기 전에 왼쪽 허리·왼쪽 무릎은 이미 다운스윙이 시작되는데, 이 역행현상에 의해 코일링은 최대가 된다.

🚶 이때까지 오른쪽 무릎은 어드레스 시의 위치를 유지하고 있어 움직이지 않는다.

🚶 무게중심은 오른쪽 무릎 안쪽 바로 위에 있다.

🚶 오른쪽 무릎이 움직이면 코일링은 약해져버린다.

상반신과 하반신의 역행현상에 의해 '비틀림(coiling)'이 최대가 된다.

참고
Reference ▐▬▬▬▬

많은 골퍼는 '파워는 백스윙에서 생긴다'는 착각에 빠져 있다.

6. 업라이트와 플랫

톱 오브 스윙에서 클럽헤드와 그립엔드(손)가 '클럽헤드 플레인(clubhead plane)'에 실려 있는 것을 인플레인(in plane) 혹은 온플레인(on plane)이라고 한다.

클럽헤드와 손이 클럽헤드 플레인보다 위쪽에 나오는 것을 '업라이트(upright)', 아래쪽으로 나오는 것을 '플랫(flat)'이라고 한다. 둘 다 기본적인 톱의 위치라고는 말할 수 없다.

※ '업라이트'와 '플랫'을 각각 가로 휘두르기나 세로 휘두르기의 의미로 쓰는 것은 잘못이며, 스윙의 톱에서 헤드와 손의 위치가 클럽헤드 플레인보다 위쪽인지 아래쪽인지의 의미로 사용해야 한다.

인플레인
왼팔과 오른쪽 어깨는 겹쳐져 보인다.

업라이트 스윙
왼팔이 오른쪽 어깨보다 높은 위치에 있다.

클럽헤드 플레인

플랫스윙
왼팔이 오른쪽 어깨보다 낮은 위치에 있다.

7. 체크포인트 〈2〉~〈3〉~〈4〉를 연속시켜 백스윙을 만들어낸다

체크포인트 〈2〉, 〈3〉, 〈4〉는 각각 정지포즈(pose)에서 체크해왔기 때문에 여기에서는 이것을 연속시킨 동작으로 백스윙을 만들어낸다.

🏌 어드레스에서부터 '포즈 1' '포즈 2' '포즈 3'하고 복창하면서 순차적으로 정지포즈를 취한다.

MIN 샌드웨지의 백스윙

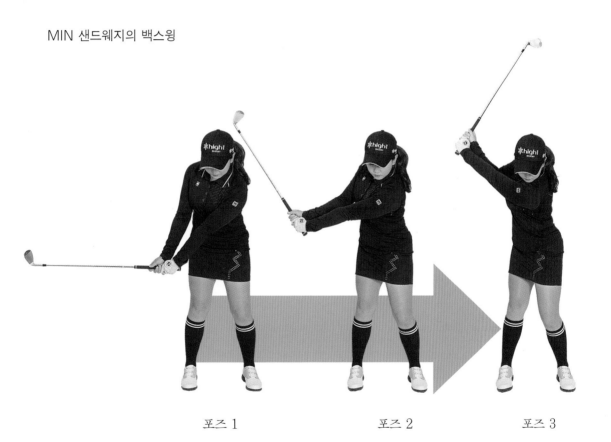

포즈 1   포즈 2   포즈 3

❧ 다음에는 포즈 1~포즈 3을 슬로모션처럼 천천히 하는 동작으로 연결해간다.

❧ 마지막으로 정상템포에서 연속동작을 만들어낸다.

MAX 드라이버의 백스윙

포즈 1   포즈 2   포즈 3

체크포인트 〈5〉 다운스윙에서 몸이 돌아오는 것

톱에서 피니시까지가 '포워드스윙(forward swing)'인데, 이것을 2개로 나눠서 톱부터 임팩트까지를 '다운스윙(down swing)', 임팩트 후를 '폴로스루(follow through)'라고 부른다.

다운스윙 시에는 몸이 돌아오는것, 팔이 돌아오는것, 클럽샤프트가 돌아오는 것의 3곳에 체크포인트를 두고 폼을 체크한다.

1. 가속의 원리는 3단로켓시스템/공이 날게 될지, 안 날게 될지는 다운스윙 으로 정해진다

공을 멀리 날리기 위해서는 톱에서 정지상태에 있는 클럽헤드를 다운스윙으로 가속시켜 임팩트에서 최대스피드가 되도록 휘두르는 기술이 필요하다.

가속(acceleration)의 원리는 우주로켓의 '3단로켓시스템'과 같다. 우선 3단계로 구성된 로켓을 느린 스피드로 쏘아 올려 어느 정도 스피드에 도달했을 때 최하단의 로켓을 분리하고, 그것을 발판으로 삼아 중단의 로켓이 가속된다. 그다음엔 2단째에 있는 로켓을 발판으로 삼아 최상단의 로켓이 맹렬한 스피드로 가속되어 상승하는 것이다.

골프스윙에서 '3단로켓시스템'은 「최하단은 B(body, 몸통), 중단은 A(arm, 팔), 상단은 C(clubshaft, 클럽샤프트)」이다.

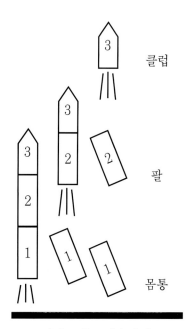

클럽

팔

몸통

삼단로켓 쏘아올리기

2. 다운스윙의 초기에는 몸만 돌아온다

다운스윙의 제1단계는 3단로켓의 최하단(가장 안쪽의 각운동)에서 B→A→C스윙에 의한 가속원리에서 'B(body)'에 해당한다.

팔이나 샤프트는 그대로 두고 몸만 돌아온다.

👤 톱 오브 스윙부터 왼쪽 허리의 리드에 의해 몸만 되돌아온다. 이때 그립엔드가 공을 가리키도록 몸을 유도한다.

👤 엔드가 공보다 먼 곳을 가리키고 있으면 공의 위쪽을 치기 쉬워지고(topping), 손 앞쪽을 가리키고 있으면 공을 치기 전에 땅을 치기 쉽다(duff shot).

👤 팔이나 클럽샤프트는 보디의 움직임에 편승할 뿐이며 독자적인 움직임은 이루어지지 않는다. 따라서 왼팔과 클럽샤프트의 각도는 90도를 계속 유지하게 된다.

90도

그립엔드가 공을 가리킬 때까지 90도를 유지한다.

체중은 왼발에 싣기 시작한다. 왼쪽 허리의 리드에 의해 몸통이 되돌아오기 시작한다.

이 시점에서 중심이동은 90% 완료한다.

👤 이 시점에서 체중은 왼쪽 무릎 방향으로 이행하고, 중심이동은 90% 완료한다.

오른쪽 팔꿈치는 엘보플레인에서 어긋나지 않는다.

🏌 오른쪽 팔꿈치는 좁혀져 내려오지만, 엘보플레인
(샤프트라인의 연장선을 포함하는 면)에서는 어긋
나지 않는다.

🏌 오른쪽 팔꿈치는 백스윙이나 다운스윙 모두 엘보플
레인에서 어긋나지 않는다

🏌 엘보플레인은 숄더플레인과 평행이므로 어깨와 팔
꿈치는 평행으로 움직이게 된다.

클럽헤드 플레인

그립엔드는 공을
가리킨다.

엘보플레인

클럽샤프트 라인

참고
Reference

그립엔드의 역할
볼을 히트하는 것은 클럽헤드지만, 클럽헤드를 올바르게 유도하는 것은 그립엔드의 몫이다.

베스트 타이밍(timing)은 'B→A→C(body→arm→club) 스윙'이다.
타이밍이란 2가지 이상이 동작할 때 동작의 시간차에 정합성을 갖게 하는 것이다.
다운스윙이 올바른 타이밍에 이루어지면
① 허리(하반신과 상반신 사이의 각도)→
② 어깨(상반신과 팔 사이의 각도)→ ③ 손
목(팔과 샤프트 사이의 각도)의 순서로 각
도가 어드레스 시의 상태로 돌아간다.
이 순서로 다운스윙이 행해지는 것을 '좋
은 타이밍(good timing)'이라고 한다. 클
럽헤드가 늦게 내려오면 '딜레이드 히트
(delayed hit)'라고 부른다.

체크포인트 〈6〉 다운스윙에서 팔이 돌아오는 것

다운스윙의 제2단계는 3단로켓의 2단째에 해당하는 '팔이 되돌아오는 것'이다. 몸은 계속해서 돌아오면서도 그 움직임에 편승하여 보디(몸통)와 왼팔 사이의 각도가 넓어지고, 암(팔)이 보디보다 빠른 움직임으로 휘둘러지기 시작한다.

이때 클럽샤프트는 아직 움직이기 시작하지 않고, 팔의 움직임에 의존하고 있을 뿐이다.

1. 오른쪽 팔꿈치는 오른쪽 엉덩뼈보다 안쪽으로 좁혀진다

오른쪽 팔꿈치는 오른쪽 엉덩뼈보다 안쪽으로 좁혀진다.

토업(toe-up)

90도

오른쪽 손바닥은 정면을 향한다.

체중은 왼발에 싣고 이동한다.

🏌 오른쪽 팔꿈치는 오른쪽 엉덩뼈보다 안쪽으로 좁혀진다(팔꿈치의 움직임은 빗자루로 쓰레기를 쓸 때, 야구공을 사이드스루로 던질 때 등과 같다).

🏌 백스윙 시에 90도를 이룬 손목의 콕(wrist cock)은 이 단계에서는 아직 그대로 유지되고 있어야 한다.

🏌 콕된 손목이 원래상태로 되돌아가는 것을 언콕(uncock)이라고 한다[언콕은 뒤에서 설명할 릴리스(release)와 동시에 이루어진다].

🏌 다운스윙 초기에 언콕해버리는 것을 '얼리 릴리스(early release)'라고 하는데, 이는 비거리가 나오지 않는 최대원인이다.

2. 클럽샤프트가 수평이 될 때까지는 언콕하지 않는다

♣ 리스트콕의 90도가 유지되는 것은 클럽샤프트가 수평이 될 때까지이다.

♣ 클럽헤드에도 원심력이 작용하므로 왼팔과 클럽샤프트가 이루는 90도는 좁혀진 오른쪽
 아래팔이 여기를 계속 눌러서 유지되고 있다.

♣ 오른쪽 손바닥은 정면을 향하고 있다.

♣ 오른쪽 손바닥은 여기서 90도 회전하여 임팩트 시에는 목표선과 스퀘어가 된다.

♣ 클럽샤프트가 수평이 되는 지점에서는 클럽샤프트는 풋라인과 평행(풋라인 바로 위보다
 살짝 앞으로 나온다)을 이루고, 클럽헤드는 토업(teo-up)된다.

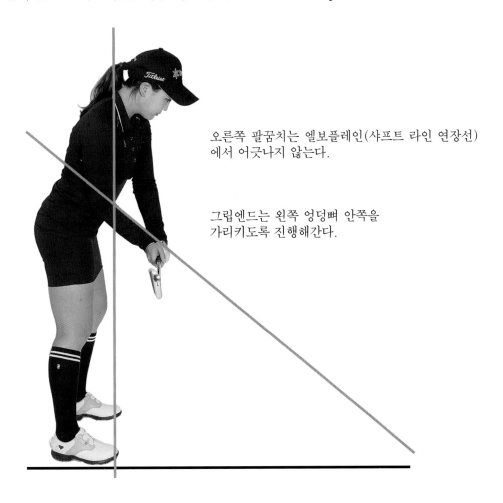

오른쪽 팔꿈치는 엘보플레인(샤프트 라인 연장선)
에서 어긋나지 않는다.

그립엔드는 왼쪽 엉덩뼈 안쪽을
가리키도록 진행해간다.

78

3. 클로소이드곡선

❦ 스윙아크는 동그란 원이 아닌 '클로소이드(clothoid : 곡률반지름이 곡선의 길이에 반비례하는 곡선)곡선'을 그린다

❦ 스윙 중 그립엔드(손의 포지션)는 거의 동그란 원을 그리지만, 스윙아크(클럽엔드 궤도)는 동그란 원을 그리지 않는다.

❦ 클럽헤드가 가속될 때 원심력의 작용으로 원의 지름은 톱스윙이 가장 짧고, 임팩트를 거쳐 서서히 길어지는 클로소이드곡선을 그리게 된다.

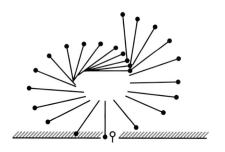

숙련자의 스윙아크는 클로소이드곡선을 그린다.

초보자는 팔이나 클럽이 먼저 움직이므로 동그란 원에 가까운 곡선이 되어버린다.

클로소이드곡선이 그려지지 않으면 공을 칠 때 공 앞의 땅을 치게 된다.

올바른 어드레스자세에서는 오른손이 왼손보다 낮은 위치에 있는 만큼 오른쪽 어깨도 왼쪽 어깨보다 낮은 자세를 취하게 된다. 이러한 자세로 스윙했을 때 클로소이드곡선이 그려지지 않고 동그란곡선이 되면, 클럽헤드는 공에 도달하기 전에 땅에 닿는 이른바 '두꺼운 샷 (chunk shot, duff shot)이 되어버린다. 따라서 올바른 B→A→C 스윙에 의해 클로소이드곡선의 스윙아크를 만들지 않으면 안 된다.

두꺼운 샷을 꺼리면 다음과 같은 나쁜 결과를 낳을 수도 있다.

❦ 공 위치를 오른쪽에 치우치게 한다. -공이 올라가지 않는다.

❦ 아웃사이드 인에 휘두른다. -슬라이스가 된다.

❦ 임팩트 전에 왼쪽 팔꿈치를 구부린다. -공의 윗쪽을 친다(topping).

클로소이드곡선에 따라 스윙아크를 조정한다.

🏌 드라이버샷(driver shot)……클로소이드곡선을 최대한 이용하기 위해 왼쪽 어깨를 끌어 올리려는 경향에 대비하여 공은 왼쪽에 두고 티업하여 어퍼블로 스윙을 한다.

🏌 웨지샷(wedge shot)……왼쪽 어깨가 끌려올라가지 않도록 자세를 갖추고 공을 스탠스 중앙에 두어 클로소이드곡선에 맡긴다. 클럽헤드는 공을 친 다음 잔디를 건드리면서 가는 다운블로가 된다.

어퍼블로(upper blow) 다운블로(down blow)

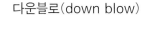

왼쪽 어깨를 끌어올리려는 경향에 대비한다.

체크포인트 〈7〉 다운스윙에서 클럽샤프트가 돌아오는 것/임팩트

다운스윙의 제3단계는 3단로켓의 가장 윗단에 해당하는 '임팩트(impact)'이다. 보디와 팔은 계속해서 움직이고, 그 앞에 있는 클럽샤프트가 릴리스 현상에 의해 최대스피드에서 임팩트로 향하게 된다.

1. 임팩트

🏌 다운스윙에서 유지해온 왼팔과 클럽샤프트 사이의 각도 90도는 한 번에 릴리스되어 왼팔과 클럽샤프트가 일직선이 된다.

🏌 클럽헤드가 늦어지거나(late), 너무 빨라져도(early) 클럽페이스는 스퀘어로 임팩트되지 않는다.

왼팔과 샤프트가 일직선이 된다.

그립엔드는 왼쪽 엉덩뼈 안쪽을 가리킨다('그립엔드는 배꼽을 가리키도록!' 하는 지도는 잘못된 것이다).

왼쪽 발꿈치는 지면에 닿고, 체중의 대부분은 왼발에 실려 있다.

참고
Reference

릴리스(release)와 언콕(uncock)

- 그립을 부드럽게 쥐고 있으면 원심력에 의해 클럽헤드는 임팩트로 향하고, 왼팔과 클럽샤프트는 일직선이 된다.
- 임팩트는 자신의 힘으로 공을 치러 가는 것이 아니라 원심력에 맡겨 클럽헤드를 릴리스(힘을 해방시킴)해서 날리는 것이다.
- 백스윙에서 왼손 엄지 방향으로 90까지 만들어진 리스트콕은 임팩트에서는 언콕되어 0도로 되돌아가지만, 왼손 손목의 손등쪽은 전과 다름없이 플랫상태를 유지하고, 폴로스루까지 그대로 날려 보내게 된다.
- 언콕(uncock)은 콕의 반대 의미로, 구부려져 있던 손목이 펴지는 것을 말한다.

임팩트 시 왼쪽 허리는 45도 편다.
'임팩트는 어드레스의 재현'이 아니다.

전방경사 자세를 유지한다.

체중은 끝까지 왼발에 실려 있다.

2. 임팩트는 어드레스와 같은 모양이 아니다

머리 위에서 보면 스윙아크는 동그란 모양이 아니다. 톱(top)에서 반지름이 가장 작고, 다운스윙부터 임팩트까지는 원심력에 의해 반지름이 커져가는 클로소이드곡선(clothoid curve)을 그린다.

🏌 임팩트에서 몸이 어드레스 때와 마찬가지로 정면을 향하고 있으면 클럽헤드의 궤도는 '인사이드 아웃(inside out)'이 되어버린다.

🏌 임팩트에서는 허리를 약 45도 펴서 클럽헤드의 궤도가 '인사이드 인(inside in)'이 되도록 조정해야 한다.

🏌 '임팩트는 어드레스의 재현'이라는 말이 있지만, 임팩트와 어드레스는 공통점이 있긴 해도 '재현'은 아니다.

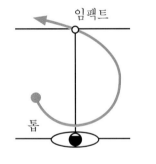

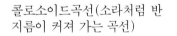

콜로소이드곡선(소라처럼 반지름이 커져 가는 곡선)

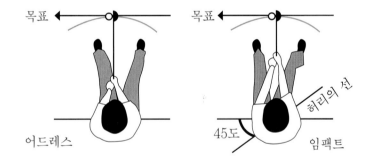

임팩트에서는 왼쪽 허리를 약 45도 펴서 인사이드 인 궤도가 되도록 조정한다.

체크포인트 〈8〉 폴로스루-클럽샤프트가 스평인지 다시 체크

임팩트를 지나 클럽헤드가 상승해가는 과정을 폴로스루(follow through)라고 한다. 올바른 폴로스루는 올바른 임팩트가 행해진 증거와 같다.

폴로스루 시에도 다시 한 번 클럽샤프트가 수평, 리콕, 3개의 직각의 3곳에 체크포인트를 두고 폼을 체크한다.

1. 클럽샤프트가 수평

임팩트에서 클럽샤프트가 상승해가는 도중에 클럽샤프트가 지면과 수평을 이루는 곳이 있다. 여기가 체크포인트〈8〉인데, 이것은 체크포인트〈2〉의 테이크어웨이와 대칭시키는 이미지로 체크한다.

토업(teo-up)

클럽샤프트는 수평을 이룬다

그립엔드는 왼쪽 엉덩뼈 안쪽을 가리킨다.

🏌 클럽샤프트가 수평이 될 때 클럽헤드는 풋라인 위에 있지만, 그립엔드는 왼쪽 엉덩뼈 안쪽을 가리킨다. 따라서 풋라인과 평행이 아니다. 여기가 테이크어웨이 때와 다른 곳이다.

🏌 왼쪽 허리는 약 90도까지 편다.

🏌 클럽헤드는 토업되어 있다.

🏌 윗몸의 전방경사 자세는 이전과 마찬가지로 유지되고 있다.

🏌 체중은 끝까지 왼발에 실려 있다.

🏌 '포즈 2(테이크어웨이)'는 클럽 전체가 풋라인 위에 있다.

🏌 '포즈 8(폴로스루)'은 클럽헤드만 풋라인 위에 있다.

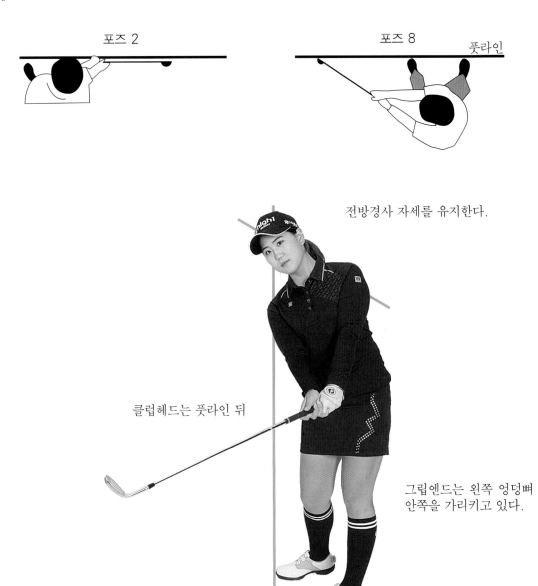

포즈 2

포즈 8

풋라인

전방경사 자세를 유지한다.

클럽헤드는 풋라인 뒤

그립엔드는 왼쪽 엉덩뼈
안쪽을 가리키고 있다.

2. 그립엔드가 움직이는 방법

스윙 중 그립엔드의 움직임은 하나의 평면(clubhead plane) 위에 있지만, 그립엔드는 복잡한 움직임을 하고 있다. 특히 임팩트 주변에서 그립엔드의 움직임은 이해해두어야 한다.

🏌 어드레스 시 그립엔드는 클럽헤드 플레인보다 낮은 위치의 클럽샤프트라인 위에 있다.

🏌 '포즈 2'에서 클럽헤드 플레인으로 이동하여 '포즈 6(arm)'까지 클럽헤드 플레인 위에 있다.

🏌 '포즈 6' 다음 '포즈 9(recock)'까지 사이에는 클럽헤드 플레인보다 낮은 위치에 있다.

🏌 '포즈 9' 이후는 클럽헤드 플레인 위에 있다.

어드레스   임팩트

어드레스와 임팩트 시의 그립엔드는 클럽헤드 플레인보다 낮은 위치에 있다.

'포즈 2'에서 '포즈 6'까지 사이에는 헤드나 그립엔드 모두 하나의 평면 위에 있다.

클럽헤드 플레인

클럽샤프트 라인

긴 클럽의 경우에는 샤프트가 세로로 휘어지므로 손은 어드레스 시의 위치보다도 약간 높은 위치에 있다.

3. 그립엔드 포지션을 확인시키는 연습방법

❡ 클럽을 짧게 잡고 그립엔드를 왼쪽 엉덩뼈 안쪽에 대고 클럽을 수평으로 좌우로 턴해
 본다.

❡ 백스윙에서는 클럽 전체가 풋라인을 따라가지만, 폴로스루에서는 헤드만 풋라인을 따
 라간다.

❡ 다음으로 어드레스와 임팩트에서 헤드가 공 위치를 가리키듯 비스듬하게 쳐본다. 마지막
 으로 그립엔드를 엉덩뼈에서 떼어서 턴시켜 임팩트 주변에서는 그립엔드가 왼쪽 엉덩뼈
 안쪽을 가리키고 있는 것을 확인한다.

※ "그립엔드가 배꼽을 가리킨다"는 잘못된 표현으로, 이렇게 하면 왼쪽 손등쪽의 플랫상태
 는 유지되지 않는다.

포즈 2　　　　　　　　포즈 8

체크포인트 〈9〉 폴로스루-리콕

체크포인트〈8〉을 거치면 일단 펴진 손목의 콕(cock)은 또다시 콕되어(recock) 클럽샤프트가 상승해가는 도중에 그립엔드가 다시 한 번 공이 있었던 위치를 가리키는 곳이 있는데, 이 곳이 체크포인트〈9〉이다. 이 경우에는 체크포인트〈5〉의 '몸이 돌아오는 것'과 대칭시키면서 체크한다.

1. 체크포인트 〈9〉는 리콕의 위치

체크포인트 〈5〉　　　　　　　　　　　　　　　　　체크포인트 〈9〉

콕되어 있다　　　　　　　　　　　　　　　　　　리콕되어 있다

체크포인트 〈5〉와 체크포인트 〈9〉는 모두 그립엔드가 볼을 가리키는 대칭점이다　　　　　　왼쪽 손등쪽은 계속해서 '플랫리스트(flat wrist)'를 유지하고 있다.

〔잘못된 예〕

그립엔드가 공이 있었던 지점을 가리키지 않는다.
왼쪽 겨드랑이가 벌어져 아래팔이 되돌아오는 것이 불충분한다.

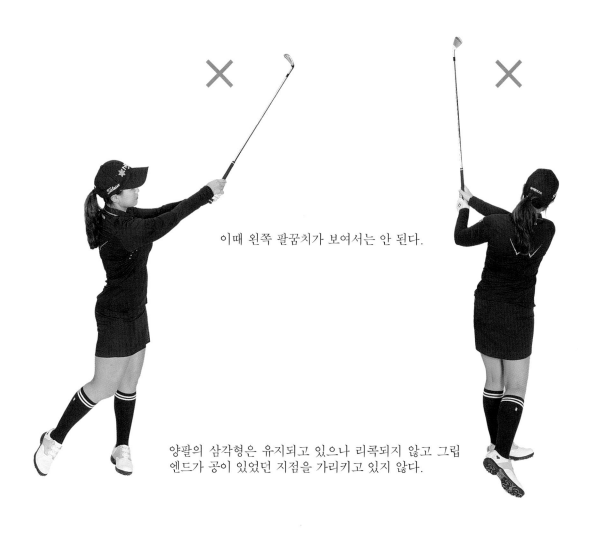

이때 왼쪽 팔꿈치가 보여서는 안 된다.

양팔의 삼각형은 유지되고 있으나 리콕되지 않고 그립
엔드가 공이 있었던 지점을 가리키고 있지 않다.

2. 상상의 거울을 이용한 연습방법

스윙연습 때 상상의 시계를 이용하여 연습한 스윙폼을 이번에는 상상의 거울을 이용하여 대칭 포즈를 체크해본다.

「포즈 2 → 포즈 8」의 연습

🏌 '포즈 2'는 사용하는 클럽에 따라 클럽샤프트가 수평이 되는 높이가 달라진다.

🏌 '포즈 2'에서 '포즈 8'로 향하는 도중에 '포즈 6'을 지나간다.

🏌 '포즈 8'에서 클럽샤프트가 수평이 되는 높이는 모든 클럽에서 엉덩뼈 높이이다.

포즈 2   포즈 5   포즈 8

수평이 되는 높이는 사용하는 클럽에 따라 다르다.

중심 이동

어떤 클럽이든지 클럽샤프트는 엉덩뼈의 높이에서 수평이다.

「포즈 5→포즈 9」의 왕복 연습

🏌 '포즈 5'와 '포즈 9'를 왕복 스윙시켜 스윙 사이에 파트너가 재빨리 공을 두고 반복적으로 치게 한다.

🏌 토가 하늘과 전방을 가리키면 슬라이스, 토가 옆을 향하면서 등 뒤를 가리키면 훅이 된다.
  ※ 슬라이스나 훅은 여기를 교정하면 효과가 있다.

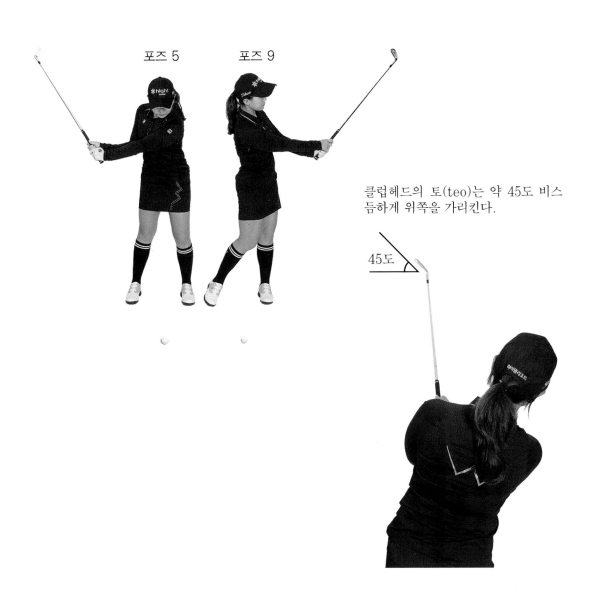

포즈 5   포즈 9

클럽헤드의 토(teo)는 약 45도 비스듬하게 위쪽을 가리킨다.

45도

체크포인트 〈10〉 폴로스루- 3개의 직각 만들기

체크포인트〈9〉로부터 또 한 번 클럽샤프트가 상승하여 지면과 수평이 되는 곳을 체크한다.
이 곳은 체크포인트〈4〉(톱 오브 스윙)의 MAX와 대칭이 된다.
왼쪽 사이드에 다음과 같은 「3개의 직각」이 생긴다(사용하는 클럽이 짧아짐에 따라 왼쪽
겨드랑이는 직각까지 벌리지 말고, 2개의 직각으로 하면 콤팩트한 스윙이 되어 콘트롤기능
을 높여주는 효과가 있다).

🏌 클럽샤프트와 왼쪽 아래팔이 직각

🏌 왼쪽 아래팔과 왼쪽 위팔이 직각

🏌 왼쪽 위팔과 몸통이 직각

90도

90도

몸의 정면(배)은
비구방향과 대칭
한다.

체중은 왼발로 이행
하고 있다.

드라이버에서 샌드웨지까지 모든 클럽
의 풀샷(full shot)에서 「3개의 직각」
을 만들면, 스윙의 종점이 일정 포즈로
정착되어 자세를 형성하기 쉬워지는 이
점이 있다.

양쪽 팔꿈치는 같은 간격
을 유지하고 있다.

이 시점에서 몸이 부
드러운 사람은 윗몸
의 전방경사 자세가
아직 유지되고 있지
만, 몸이 뻣뻣한 사
람은 일어서기 시작
한다.

45도

90도

45도

위팔과 몸통의
간격은 45도

MIN(웨지)

클럽샤프트는 지면과 수평 혹은
발꿈치라인 위가 된다. 오른쪽 발
꿈치가 올라가 뒤쪽부터 발 안쪽
전체가 보인다.

체크포인트 〈11〉 폴로스루-피니시

"마지막이 좋으면 모든 것이 좋다"라는 말도 있듯이 스윙의 종점인 피니시(finish)가 올바른 포즈로 정착되면 그 스윙이 제대로 행해졌다고 볼 수 있다.

어드레스 1가지, 스윙 중 체크포인트 9가지, 피니시 1가지를 합친 11가지 체크포인트(포즈)가 완성되었다.

1. 피니시는 '평상심(平常心)'의 포즈

🏌 피니시는 전신의 힘을 다하여 휘둘러 끝내야 한다.

🏌 체중은 끝까지 왼발에 싣고, 오른쪽 발꿈치를 들어 발끝으로 서게 된다.

🏌 몸의 정면(복부)은 비구방향을 향한다.

복부는 공이 날아가는 방향을 향한다.

2. 피니시의 '#(샵)' 포즈

🏌 완전히 힘이 다 빠져버리기 직전까지 윗몸의 전방경사 각도는 유지되고 있어야 한다. 이 시점에서 왼쪽 아래팔과 윗몸의 전방경사 각도는 평행이 된다.

🏌 클럽샤프트는 양쪽 귀를 잇는 선에서 윗몸과 직각이 된다.

🏌 윗몸과 왼쪽 아래팔은 평행이 되고, 또 클럽샤프트와 왼쪽 위팔은 평행이 되어 '#' 포즈가 된다.

🏌 그다음 윗몸의 전방경사 각도는 점점 완화되어 윗몸이 일어서게 된다.

🏌 오른쪽 발꿈치가 올라가 발 안쪽 전체가 보이게 된다.

3개의 직각이 유지되고 있다.

클럽샤프트는 머리 뒤에서 양쪽 귀를 잇는 선과 일치한다.

11가지 포즈의 순서대로 스윙을 형성하는 방법

11가지 체크포인트(포즈)는 스윙의 부분적인 체크뿐만 아니라, 이것을 적극적으로 이용하면 스윙형성의 수단으로도 활용할 수 있다. '11가지 포즈형성법'은 다음 3단계의 순서를 따라간다.

1. 11가지 포즈 형성의 순서

정지포즈를 정한다

'포즈 1'부터 '포즈 11'까지 순서대로 올바른 '정지포즈'를 정한다. '포즈 1'이 모두 완성되면 '포즈 2'로, '포즈 2'가 모두 완성되면 '포즈 3'으로, '포즈 3'이 모두 완성되면 '포즈 4'로······ 하나의 포즈가 완성되지 않으면 다음 포즈로 넘어가지 않는다. 이때 "정지했을 때 안 되는 것이 움직일 때 될 리가 없다"는 것을 강조한다.

슬로모션으로 이어간다

다음에는 순서대로 천천히 슬로모션처럼 이어간다. 이때 "천천히 해서 안 되는 것이 빠른 움직임에서 될 리가 없다"는 것을 강조한다.

적정한 템포로 섀도스윙(shadow swing)을 완성시킨다

다음으로 적정한 템포와 리듬을 더해 섀도스윙을 완성시킨다. '템포'는 그립엔드를 잡고 휘두르는 '진자'의 템포를 표준으로 한다.

- 🕺 '리듬'은 언제나 일정하게
- 🕺 여유 있는 백스윙으로 윗몸을 비틀어 올려
- 🕺 다운스윙으로 가속시키면서 임팩트하고
- 🕺 그대로 폴로스루로 날려서
- 🕺 몸에 힘이 빠져 피니시로 마무리한다.

"스윙연습으로 안 되는 것이 공을 치면서 될 리가 없다"는 것을 강조한다.

2. 근육이 기억하게 하는 트레이닝

근육에 정지포즈를 주어 5초 이상 경과하면 근육이 스스로 그 위치를 기억하는 기능을 이용하는 트레이닝이다. 사용하는 클럽을 합쳐서 하면 그 부하중량만큼 효과가 높아진다.

예 : 어드레스에서 백스윙을 개시하고, '포즈 2'(take away)에서 정지하여 '1, 2, 3, 4, 5' 하고 소리를 내어 5초를 센다.

　　5초가 지나면 일단 어드레스로 돌아가, 다시 한 번 '포즈 2'로 돌아가고 5초를 세는 동작을 반복한다.

　　마찬가지 동작을 '포즈 3, 4'……에도 한다.

포즈 1 (정지자세)

중량이 부하되면 좀더 효과가 있다.

3. 적정한 스윙템포를 만드는 법

1회 스윙으로 어느 정도의 시간이 걸릴까 하는 것이 '템포'이다. 템포가 늦으면 헤드스핀이 올라가지 않고, 템포가 너무 빠르면 정확한 동작을 하기 어려워질 뿐만 아니라 스윙아크도 작아져버린다.

적정한 템포는 클럽의 진자가 기준이 된다

🏌 우선 클럽을 1개 꺼내서 그립엔드를 쥐고 진자처럼 휘둘러본다.

🏌 휘두르면서 '하나' '둘'하면서 그 클럽 고유의 템포를 확인한다.

🏌 드라이버는 샤프트가 길므로 여유로운 템포(29왕복/분)로 한다. 그다음 클럽이 짧아짐에 따라 템포가 늦어지는 것을 확인한다(퍼터에서 34왕복/분).

🏌 14개의 클럽은 모두 그 클럽 고유의 템포로 스윙하는 것이 바람직하다.

팔의 길이가 더해져도 템포는 변하지 않는다
각운동량보존(Conservation of Angular Momentum)의 법칙

🏌 실제 스윙에서는 팔의 길이와 어깨너비의 반만큼 길이가 더해지므로 그립엔드부터 끝의 '진자' 템포는 바뀌지 않는다.

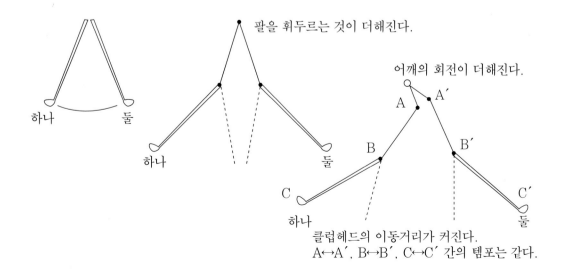

팔을 휘두르는 것이 더해진다.

어깨의 회전이 더해진다.

클럽헤드의 이동거리가 커진다.
A↔A´, B↔B´, C↔C´ 간의 템포는 같다.

- 팔을 휘두르는 것도 어깨의 회전도 그립엔드부터 앞의 '클럽템포'에 동조하고 있는 것이다.
- 팔을 휘두르는 것과 어깨의 회전이 더해짐으로써 같은 템포에서도 클럽헤드의 이동거리는 커지게 된다.
- 이렇게 각도를 갖는 운동(각운동)이 어깨·팔·클럽샤프트와 연결하여 행해짐에 따라 끝부분의 운동량이 커져가는 현상이 '각운동량보존의 법칙'인데, 이는 큰 힘이나 큰 속도를 낼 때 사용된다.

템포는 '2박자'의 운동

- 진자는 '하나', '둘'밖에 없는 2박자운동이다. 따라서 골프 스윙을 3박자로 하는 것은 잘못된 방법이다.
- 컨디션의 좋고 나쁨, 긴장감, 옷을 두껍게 입었는지 얇게 입었는지, 사용클럽 등에 따라 템포는 정상에서 벗어나기 쉽다.
- 템포가 정상이 아니라고 느껴지면 그립엔드를 잡고 진자의 템포를 확인하는 습관을 기른다. '진자'는 언제든지 '일정한 템포'를 가르쳐줄 것이다.

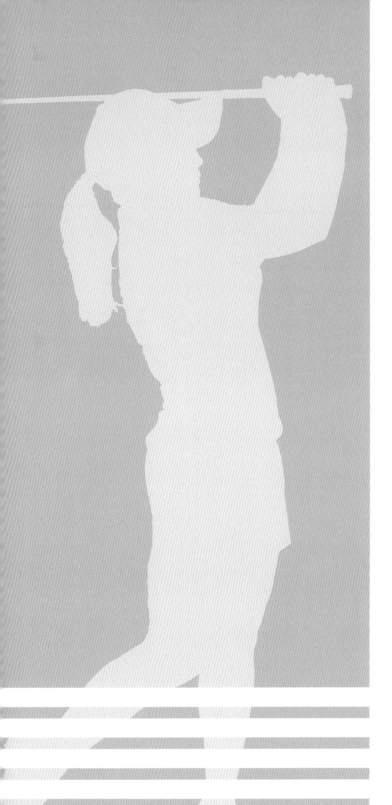

PART 2

골프공의
비행원리와
미스샷 교정

제1장

골프공의 비행원리

골프 스윙의 목적은 '공을 목표지점에 가깝게 보내는 것'이다. 그런데 쳐 낸 공은 오른쪽으로, 왼쪽으로, 높게 또는 낮게 날아가거나 도중부터 크 게 휘는 등 좀처럼 생각대로 날아주지 않는다. 골퍼들은 "왜 똑바로 날지 않는 걸까?", "왜 멀리 안 날아가는 걸까?"하는 의문을 갖게 된다.

골퍼가 공을 목표지점에 가깝게 보내기 위해서는 날씨 · 계절 · 용구의 선 택을 비롯하여 기술면에서는 비거리, 좌우 · 고저, 휘기, 백스핀 등을 생 각대로 다루는 샷 컨트롤 테크닉을 익혀야 한다. 이러한 것들을 올바르게 수행하기 위해서는 골프공의 비행원리를 알아야 한다.

'힘의 방향'을 '좌우'와 '고저'로 나누고, '공의 회전'을 '좌우'와 '전후'의 두 가지로 나누면 샷 컨트롤에는 다음의 5가지 요인이 관련된다. 스윙의 목적인 공을 목표지점에 가깝게 보내기 위해서는 임팩트 순간 다음 5가 지 요건을 컨트롤해야 하는데, 이 5가지를 '골프공의 비행원리(Golfball Flight Law, 비구의 원리)'라고 한다.

골프공의 비행상태를 결정하는 요인

역학의 법칙에 의하면 정지된 물체를 움직이게 할 때 그 물체의 움직임은 거기에 더해진 '힘의 강도', '힘의 방향', '물체의 어디를 미는가'에 따라 정해진다고 한다.

골프의 임팩트에서는 다음의 3가지에 의해 공의 비행상태가 결정된다.

🕴 힘의 강도→비거리(클럽헤드의 스피드)

🕴 힘의 방향→방향(스윙궤도)

🕴 물체의 어디를 미는가→공의 회전(임팩트 시 클럽페이스의 방향)

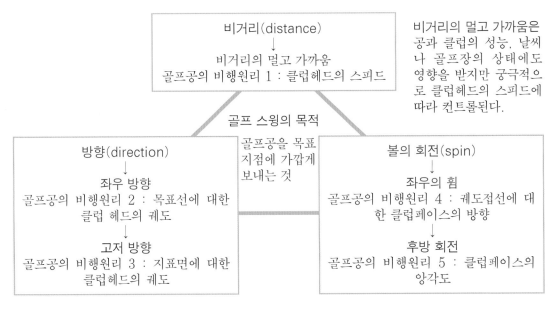

비거리(distance)
↓
비거리의 멀고 가까움
골프공의 비행원리 1 : 클럽헤드의 스피드

비거리의 멀고 가까움은 공과 클럽의 성능, 날씨나 골프장의 상태에도 영향을 받지만 궁극적으로 클럽헤드의 스피드에 따라 컨트롤된다.

골프 스윙의 목적
골프공을 목표 지점에 가깝게 보내는 것

방향(direction)
↓
좌우 방향
골프공의 비행원리 2 : 목표선에 대한 클럽 헤드의 궤도
↓
고저 방향
골프공의 비행원리 3 : 지표면에 대한 클럽헤드의 궤도

볼의 회전(spin)
↓
좌우의 휨
골프공의 비행원리 4 : 궤도접선에 대한 클럽페이스의 방향
↓
후방 회전
골프공의 비행원리 5 : 클럽페이스의 앙각도

● 쳐내진 공의 좌우 방향은 목표선에 대한 클럽헤드의 궤도에 따라 콘트롤된다.
● 쳐내진 공의 고저는 지표면에 대한 클럽헤드의 궤도에 따라 콘트롤된다.

● 쳐내진 공의 좌우 휨은 궤도 접선에 대한 클럽페이스의 방향에 따라 콘트롤된다.
● 쳐내진 공의 전후 회전(골프에서는 대부분이 후방 회전)은 임팩트 시 클럽페이스 앙각(로프트)에 따라 콘트롤된다.

1. 골프공의 비행원리의 이해와 응용스윙

골프공의 비행원리에 따라 '골프공의 기본적 비행'은 다음과 같이 정의할 수 있다.

🏌 골퍼의 체력에 따른 충분한 '비거리'를 갖는 골프공의 비행

🏌 '목표방향을 향해' 쳐내진, 혹은 '똑바로 날아가는' 골프공의 비행

🏌 사용클럽의 설계기능에 따른 '높이와 백스핀'을 갖는 골프공의 비행

다음에는 '기본적이지 않은 골프공의 비행'을 의식적으로 '응용기술'로 이용하는 방법이다.
응용스윙이란 '어떤 목적을 달성하기 위해 기본스윙의 일부를 바꾼 스윙'이라고 할 수 있다.

[예]

🏌 수목을 피하기 위하여 휘어서 비행하는 골프공

🏌 맞바람일 때 낮게 비행하는 골프공

🏌 의식적으로 비거리가 나지 않게 비행하는 골프공

🏌 정확하게 멈추도록 비행하는 골프공

이렇듯 '휘어서 비행하는 골프공'이나 '낮게 비행하는 골프공' 등을 치는 '응용기술'을 실시
할 때에는 5가지 골프공의 비행원리에서 어떤 부분을 어떻게 변화시킬지를 이론적으로 이해
한 다음에 해야 한다. 이것이 정확하게 되어야 이른바 '계산대로의 비거리'가 나올 수 있다.

2. 개성을 살리는 스윙스타일

'스윙은 백인백태'라는 말로 '변칙스윙'이나 '에러상태의 고정화'를 용인해서는 안 된다. 응용이 더해진 '백인백태'는 있어도 '기본은 하나'밖에 없다.

'개성을 살린다'라는 말은 기본스윙을 어느 정도 형성한 후에 다음과 같이 '개성'에 따른 스윙스타일을 만들어야 개성을 살리는 골프를 즐길 수 있다는 뜻이다.

🏌 기질ㆍ성격(공격형, 수비형)

🏌 체력ㆍ체질(연령, 성별, 근력, 근수축속도, 스태미너, 유연성)

🏌 기술 수준(경험, 교치성, 감각)

🏌 목적ㆍ지향(경기 지향, 건강ㆍ레크리에이션ㆍ사교 지향)

[예]

🏌 공격형인 사람→ 비거리가 좋은 클럽을 사용하고, 드로(draw)계의 구질을 잘 구사하며, 드라이버 중심으로 연습하며, 화려한 스타일을 좋아한다.

🏌 수비형인 사람→ 방향성이 좋은 클럽을 사용하고, 페이드(fade)계의 구질을 잘 구사하며, 숏게임 중심으로 연습하며, 수수한 스타일을 좋아한다.

🏌 경기지향적인 사람→ 스코어를 올리기 위해 비거리ㆍ방향성ㆍ전략 등의 트레이닝을 실시하고, 자신의 스타일을 만들어낸다.

🏌 건강ㆍ레크리에이션ㆍ사교지향적인 사람→ 기술의 연마보다는 골프를 통해 친구 만들기나 일에서 받은 스트레스 해소, 패션 즐기기 등을 위하여 골프를 하며, 스윙스타일은 여러 가지 혹은 아름다운 스윙을 목표로 한다.

골프공의 비행원리 〈1〉 비거리는 클럽헤드의 스피드에 비례한다

골프에는 다른 스포츠와 달리 가장 멀리 공을 날려보낸다는 쾌감이 있다. 이러한 묘미 때문에 '날린다'는 것에 관심이 가기 마련이다. 그러나 실제로 코스 라운딩을 해보면 날리기보다도 '정확한 비거리'쪽이 중요하다는 것을 실감하게 된다. 따라서 비거리에 관련된 요인은 무엇인지, 비거리에 관한 기술은 어떤 것인지를 알아야 한다.

1. 비거리를 늘리기 위한 3요인

비거리에 관해서는 다음의 순서로 생각한다.

♟ 자신의 체력에 맞는 최대한의 비거리를 실현하기 위한 스윙기술(날리는 방법)을 몸에 익힌다.

♟ 체력향상을 위한 트레이닝(파워, 스피드, 스태미너, 유연성)을 실시한다.

♟ 기술과 체력에 적합한 용구(골프공과 클럽)를 선택·사용한다.

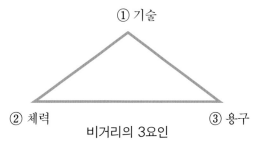

기술과 체력 향상을 위한 트레이닝은 하지도 않고, 클럽을 바꾸는 것은 옳지 않다.

2. 비거리를 결정하는 요인

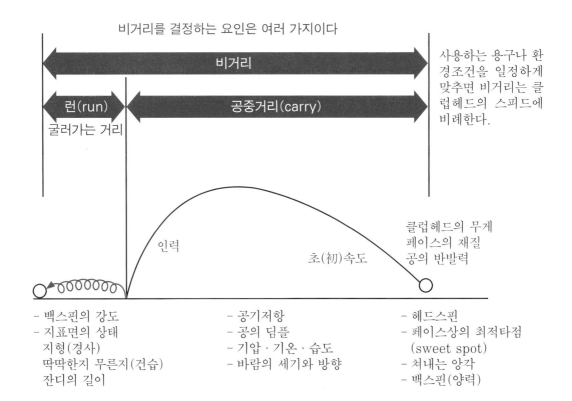

비거리를 결정하는 요인은 여러 가지이다

비거리

런(run)

굴러가는 거리

공중거리(carry)

사용하는 용구나 환경조건을 일정하게 맞추면 비거리는 클럽헤드의 스피드에 비례한다.

인력

초(初)속도

클럽헤드의 무게
페이스의 재질
공의 반발력

– 백스핀의 강도
– 지표면의 상태
  지형(경사)
  딱딱한지 무른지(건습)
  잔디의 길이

– 공기저항
– 공의 딤플
– 기압 · 기온 · 습도
– 바람의 세기와 방향

– 헤드스핀
– 페이스상의 최적타점
  (sweet spot)
– 쳐내는 앙각
– 백스핀(양력)

3. 클럽헤드의 스피드와 볼의 초속도

클럽헤드의 스피드와 비거리(전체 비거리)는 비례한다.

임팩트 때 클럽헤드가 공에 맞는 속도를 클럽헤드의 스피드(HS : head speed)라고 하며,
m/초로 표기한다. 기본에 충실한 스윙이 행해진 경우에 사용하는 용구, 기후나 지표면의
상태 등 환경조건을 일정하게 하면 비거리는 클럽헤드의 스피드에 비례한다.

볼의 초속도와 공중거리(carry)는 비례한다.

임팩트 직후의 볼스피드를 볼 초속도(m/초)라 하는데, 이는 클럽헤드 스피드의 40~55%
증가한 것이다. 이 증가한 만큼을 '가속효율'이라고 한다. 이는 주로 공의 반발계수, 클럽헤
드의 무게와 재질, 클럽샤프트의 강도나 탄도 등 사용하는 용구와 깊은 관련이 있다. 용구
를 제대로 선택하지 못하면 '초속효율'이 저하되어 최대비거리를 얻을 수 없다.

클럽헤드 스피드×5(정수)=전체 비거리(m)
볼 초속도×3(정수)=공중거리(m)

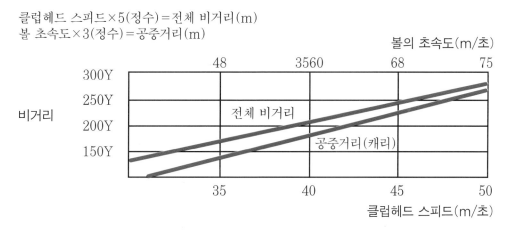

클럽헤드의 스피드와 비거리

클럽헤드 스피드 1m/초당 약 5m(5.5야드)의 비거리(전체 비거리)가 얻어지므로

🕴 HS 30m/초라면 비거리는 150m(165야드)

🕴 HS 40m/초라면 비거리는 200m(220야드)

🕴 HS 50m/초라면 비거리는 250m(275야드)로 비례한다.

※ 미터(m)를 야드(Y)로 환산할 때는 '미터×1.1'로 한다.

전체 비거리

볼초속도(효율 50%로서) 1m/초당 공중거리는 약 3m가
얻어진다. 여기에 공이 굴러가는 것(롤 혹은 런이라고 부
른다)을 더하면 전체비거리가 된다.

🏌 초속도 60m/초(HS 40m/초의 50% 증가)라면 공중
　거리는 180m, 여기에 20m의 런을 더하면 전비거리는
　200m(220야드)가 된다.

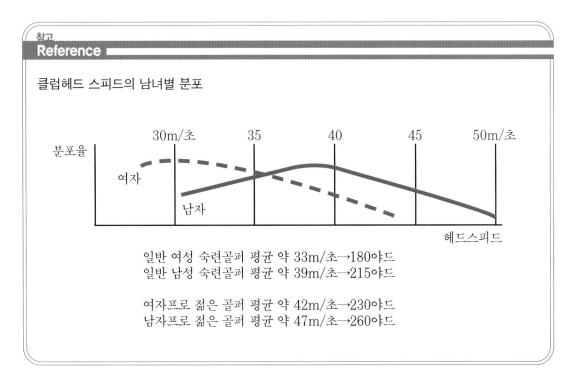

참고
Reference

클럽헤드 스피드의 남녀별 분포

분포율

여자

남자

|30m/초 | 35 | 40 | 45 | 50m/초 |

헤드스피드

일반 여성 숙련골퍼 평균 약 33m/초→180야드
일반 남성 숙련골퍼 평균 약 39m/초→215야드

여자프로 젊은 골퍼 평균 약 42m/초→230야드
남자프로 젊은 골퍼 평균 약 47m/초→260야드

6. 공을 날리는 기술

공을 제대로 날리기 위한 기술적 요인에는 다음과 같은 것이 있다. 이러한 기술을 총동원하여야 최대한의 비거리를 낼 수 있다.

기술적 요인을 이해하지 않고 "트럭 2대만큼의 공을 치자!"라든가, "젊은 사람은 휘어도 좋으니 마음껏 휘둘러!" 등을 그냥 되는대로 클럽을 휘두르는 넌센스라고 할 수 있다.

릴랙세이션(relaxation)

🏌 근육이 최대속도로 움직이는 것은 최대근력의 15% 정도로 움직일 때이다.

🏌 최대비거리를 내는 드라이버샷의 경우 왼손 새끼손가락은 50% 정도 악력으로 쥐지만, 다른 손가락은 15% 정도의 악력이 최대속도를 낼 수 있도록 쥐는 법이다. 이것을 표현하는 말은 다음과 같다.

"릴랙스하지 않으면 스피드는 나오지 않는다."

　• 뚜껑을 연 치약튜브 내용물이 나오지 않을 정도로 쥐기

　• 유치원 아이와 악수를 하는 정도의 강도로 쥐기

　• 작은 새를 살짝 잡고 있는 느낌으로 쥐기

※악력계를 이용하여 최대악력치와 15% 악력일 때의 값을 계측하여 그 감각을 확인하는 것이 좋다.

스윙아크의 길이(호의 길이)

🏌 스윙아크를 길게 하면 비거리가 나온다.

🏌 긴 클럽을 사용하면 스윙아크는 커진다.

🏌 드라이버의 길이도 이론적으로는 50인치까지는 가능하다고 한다.

🏌 기술적으로는 가상의 시계를 이용한 '10시→2시'가 유효 최장 스윙아크이다.

🏌 백스윙이 더 이상 불필요하게 커지면 저스트미트(just meet)율이 떨어지므로 역효과가 난다.

코일링(비틀림)

🏌 톱 오브 스윙에서는 어깨를 충분히 돌려 상반신과 하반신 사이에 코일링(coiling)을 만들어 파워를 축적하여 늘어난 근육이 되돌아가려고 하는 근육의 '스프링작용(spring-like-action)'을 이용한다.

클럽페이스의 방향

🏌 임팩트에서 클럽페이스의 방향이 목표선과 직각이 될 때 클럽페이스가 움직이는 방법에는 다음의 3종류가 있다.

- 첫째, 「직각→직각→직각」은 숏퍼트(short putt)에서 쓰이는 경우가 있다.

- 둘째, 「클로즈→직각→오픈」은 컷샷(cut shot)이라고도 불리며, 볼의 스피드를 죽이는 '날아가지 않게 할 때' 사용되는 경우가 있다.

- 셋째, 공을 날리기 위한 기술은 「오픈→직각→클로즈」인데, 이것을 실현하기 위한 기술이 '아래팔 돌리기' 및 그에 따른 '오른쪽 손바닥 향하기'이다.

릴리스(힘의 해방)

🏌 임팩트에서는 악력을 풀어서 힘을 해방시키고, 클럽헤드를 원심력에 맡겨 가속효과를 높인다.

🏌 힘을 주어 세게 쥘수록 스피드는 올라가지 않는다.

중심이동(weight shift)

🏌 백스윙에서 오른쪽 무릎 안쪽에 걸린 무게중심을 다운스윙이 시작됨과 동시에 왼발로 옮겨 파워를 증대시킨다.

스윙템포

🏌 1회의 스윙에 필요한 시간을 템포라고 한다.

🏌 적정한 스윙템포가 적정한 스윙아크의 길이와 적정한 스윙스피드를 만든다.

🏌 템포가 너무 늦어도 스피드가 올라가지 않으며, 템포가 너무 빨라도 스윙아크가 작아지거나 저스트미트율이 저하된다.

아래팔 돌리기(forearm rotation)

🏌 백스윙 쪽에서는 왼쪽 아래팔(팔꿈치부터 손목까지)이 오른쪽 아래팔보다 위에 포개지고, 임팩트 주변에서 아래팔이 되돌아온다.

🏌 폴로스루 쪽에서는 오른쪽 아래팔이 왼쪽 아래팔의 위에 포개지도록 돌린다.

🏌 이 동작이 이루어지면 클럽헤드의 진폭이 커짐과 동시에 공과 클럽페이스가 접촉하고 있는 동안에 공에 훅 회전이 걸려 비거리를 늘리는 효과가 있다.

가속(acceleration)

🏌 임팩트 주변의 스피드에는 다음 3가지 종류가 있다.

- 가속하면서 임팩트한다.
- 등속으로 임팩트한다.
- 감속하면서 임팩트한다.

🏌 이 중에서 '감속하면서 임팩트 한다'는 일종의 미스스윙인데, 이는 미숙련자의 숏어프로치에서 나타나는 경우가 많다. "백스윙이 너무 크기 때문에 휘둘러내릴 때 감속시켜버린다"는 것이 그 예이다.

🏌 공을 날릴 때에는 '가속하면서 임팩트한다'가 사용된다.

🏌 톱에서 스피드 0인 클럽헤드를 임팩트에서 최대스피드까지 가속시키는 것은 다운스윙을 'B→A→C'의 순서로 행하는 '3단로켓시스템'이다.

🏌 '등속으로 임팩트한다'는 날아가지 않게 할 때 쓰는 기술이다.

7. 공이 날아가지 않게 하는 기술

코스 라운딩을 해보면 '정확한 비거리'의 필요성을 통감할 수 있을 것이다. 특히 100 야드 이내에서 핀에 가깝게 붙이기 위해서는 비거리, 공의 비행높이, 스핀을 조합한 다채로운 기술이 요구된다. 이 경우 비거리 컨트롤에는 날아가게 하는 기술에서 어느 부분을 생략한 이른바 '날아가지 않게 하는 기술'이 사용된다.

공이 날아가지 않게 하는 기술에는 다음과 같은 요소가 있으므로 이러한 것들을 적절히 조
합시키면 비거리 컨트롤을 잘할 수 있게 될 것이다.

그립을 세게 잡고 휘두른다

- 릴렉세이션의 반대로, 그립을 강하게 잡고 릴리스효과도 없게 하여 스피드가 나오지
  않게 스윙한다.
- 퍼팅(putting)이나 로브샷(rob shot) 시에도 쓰인다.

스윙아크를 작게 한다

- 단거리에서 샷할 때에는 클럽을 짧게 잡고 가상의 시계에서 '7~5시', '8~4시'에 따
  라 스윙아크를 작게 해서 비거리를 컨트롤한다.

리스트콕(wrist cock)을 쓰지 않는다.

- 손목의 움직임을 억제하는 노콕스윙(no cock swing)을 하면 스피드가 나지 않는다.
- 퍼팅이나 칩샷 등을 할 때 쓰인다.

중심이동(weight shift)을 억제한다.

- 처음부터 왼발에 체중을 실어두고, 중심이동 효과를 쓰지 않는다.
- 퍼팅이나 칩샷 등을 할 때 쓰인다.

오픈 페이스(open face)로 한다

- 오픈 페이스로 치면 로프트가 커져 공이 높이 떠오르게 되어 백스핀이 강하게 걸린다.
- 공의 비행은 슬라이스하므로 목표지점보다 왼쪽을 향해 셋업(set-up)한다.
- 피치샷(pitch shot)이나 익스플로젼샷(explosion shot) 시에 쓰인다.

스윙템포를 느리게 한다

- 천천히 슬로모션처럼 휘둘러 스피드를 죽인다.
- 로브샷이나 내려가는 퍼팅 시에 쓰인다.

가속시키지 않는다(non-acceleration)

- 다운스윙에서 클럽헤드를 가속시키지 않고 등속으로 휘둘러 볼스피드를 죽인다. 로브
  샷은 이 방법으로 한다.
- 다운스윙 시에는 'body, arm, club'을 함께 내려쳐 볼을 천천히 춤추듯 그린 위로 내
  려가게 한다.

- 러프(rough)에서의 아이언샷에서 이 기술을 쓰면 플라이어(flier)현상이 일어나는 것을 막을 수 있다.

🏌 아래팔이 되돌아가지 않게 한다(non-rotation)

- 임팩트 후에 아래팔이 돌아가지 않도록 하면 볼과 클럽페이스가 접촉하고 있는 사이에 볼에 훅 스핀이 걸리지 않으므로, 상대적으로 백스핀의 양이 늘어 낙하 후 공이 굴러가는 것을 막아줄 수 있다.
- 임팩트 후에 왼쪽 팔꿈치를 구부려 등뒤로 당겨치면 볼의 윗부분을 치는 '톱 볼(top ball)'이 되기 쉽다. 이것은 특별한 경우에 의식적으로 하는 것을 빼면 미스스윙(miss swing)이다.

로브샷(lob shot)

로브샷(lob shot)은 '날아가지 않게 하는 기술'의 대표적인 샷이다. 그립을 강하게 잡고, 여유로운 템포로 'body, arm, club'을 함께 가속시키지 않고 스윙한다. 이것은 피치샷보다는 성공률이 높으므로 상급자는 꼭 알아두어야할 기술이다.

참고
Reference

스코어를 높이려면 날아가게 하는 연습의 3배 정도로 '날아가지 않게 하는 기술'을 연습하라!

골프공의 비행원리 〈2〉 좌우의 방향은 클럽헤드의 궤도로 정해진다

1. 클럽헤드의 궤도와 목표선궤도를 조합하는 3종류

골프 스윙을 원운동으로 보면 클럽헤드의 궤도는 원주에 해당한다. 공을 쳐내는 방향은 목표선과 클럽헤드 궤도의 관계에 의해 정해진다. 목표선과 클럽헤드 궤도의 조합은 3종류인데, 기본은 '스트레이트볼(straight ball)'이다.

임팩트 때 클럽페이스의 방향이 '원주접선과 직각'을 유지하고 있다면 공은 원주접선 방향으로 '똑바로 (휘지 않고)' 날아갈 것이다.

인사이드 인 궤도라면 스트레이트볼(straight ball)

클럽헤드의 궤도가 목표선 안쪽부터 들어와 안쪽으로 통과하는 인사이드 인 궤도(inside to in pass)는 목표로 똑바로 쳐지는 스트레이트볼이 된다.

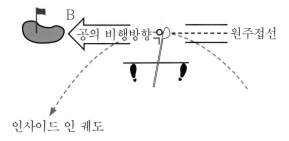

아웃사이드 인 궤도라면 풀볼(pull ball)

궤도가 목표선 바깥쪽부터 들어와 안쪽으로 통과하는 아웃사이드 인 궤도(outside to in pass)는 목표보다 왼쪽 방향으로 쳐지는 풀볼(pull ball)이 된다.

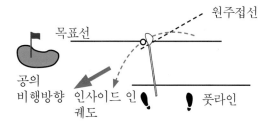

인사이드 아웃 궤도라면 푸시볼(push ball)

궤도가 목표선 안쪽부터 들어와 바깥쪽으로 통과하는 인사이드 아웃 궤도(inside to out pass)는 목표보다 오른쪽 방향으로 쳐지는 푸시볼(push ball)이 된다.

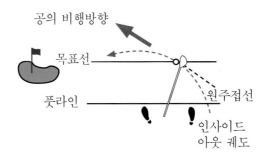

풀볼
플레인이 목표의 왼쪽을 향하고 있다.

푸시볼
플레인이 목표의 오른쪽을 향하고 있다.

2. 아웃사이드 인 궤도가 되는 원인

- 백스윙에서 팔만 높이 올라가 왼쪽 어깨가 충분히 턴하지 않으면 다운스윙에서 인사이드부터는 휘둘러내리기 어려워져 아웃사이드 인 궤도가 되어버린다.
- 다운스윙에서 오른발에 중심이 남아 있는 채로 클럽을 휘둘러내리면 몸이 빨리 펴져서 아웃사이드 인 궤도가 되어버린다.

3. 풀볼의 응용

맨땅이나 디벗자국 등 볼 라이가 나쁠 때에는 클로즈드 스탠스로 하여 백스윙을 크고 높게 하여 다운블로로 치면 비거리를 떨어뜨리지 않고 공이 낮게 날아가도록 칠 수 있다.

인사이드 아웃 궤도가 되는 원인
다운스윙부터 임팩트까지 왼쪽 허리가 펴져 있지 않으면 폴로스루가 인사이드로 들어가기 어려워져 인사이드 아웃 궤도가 되어버린다.

4. 푸시볼의 응용

맨땅에서 정확하게 공을 치고 싶을 때에는 오픈 스탠스를 취하고, 볼을 오른쪽으로 치우치게 하여 작은 백스윙으로 친다. '칩샷(chip shot)'은 이 방법에 의한 것이다.

참고
Reference

방향을 정하는 클럽헤드 플레인의 세팅
클럽헤드 플레인은 클럽헤드의 궤도를 원주라고 했을 때 '레코드판과 같이 회전하는 평면'을 상상하면 된다. 벤 호건이 그의 저서 『모던 골프』에서 '스윙플레인(고개를 내민 유리판)'이라고 표현하고, 방향성을 정하기 위한 가장 중요한 원리라고 주장했다.
스윙 중 클럽헤드는 이 평면 위를 이동하므로 이 평면을 목표선과 평행으로 세업하면 볼은 목표를 향해 날아가게 된다.

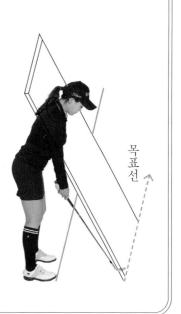

목표선

5. 4개의 스윙플레인

일반적으로 말하는 '스윙플레인(swing plane)'은 이 책에서는 '클럽헤드 플레인'이다. 골프 스윙에서는 몸과 클럽은 회전운동을 하고, 각각 갖는 회전 평면(plane)이 상관하여 스윙을 구성하는데, 그러한 플레인을 총칭하여 스윙플레인이라고 한다.

골프 스윙에서는 다음 4가지 플레인을 생각할 수 있다.

숄더 플레인(shoulder plane)

🏌 숄더 플레인은 목뼈와 직각으로 회전하고, 힙 플레인은 허리뼈와 직각으로 회전한다.

🏌 척추는 굽이를 이루고 있으므로 상반신의 전방경사 자세는 일직선이 아니다.

🏌 목뼈와 허리뼈는 전방경사 각도가 다르다.

🏌 목뼈의 전방경사 각도는 드라이버는 45도,
샌드웨지는 55도가 표준이다.

🏌 숄더 플레인은 전방경사 자세를 한 목뼈와
직각으로 회전한다.

🏌 힙 플레인은 전방경사 자세를 한 허리뼈와
직각으로 회전한다.

🏌 어깨나 허리는 모두 지면과 수평으로 회전
하지 않는다.

🏌 골프에서 중시되는 것은 숄더 플레인이다.

힙 플레인(hip plane)

🏌 힙 플레인은 허리뼈와 직각으로 회전한다.

🏌 허리는 어깨의 회전에 종속하여 회전하므
로 힙 플레인은 의식하지 않아도 무방하다.

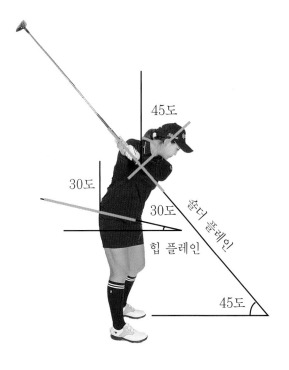

클럽헤드 플레인(clubhead plane)

🏌 클럽헤드는 클럽헤드 플레인에서 벗어나지 않는다.

🏌 볼위치와 스윙의 중심점을 잇는 선이 포함되는 비스
듬하게 놓인 원판모양의 평면을 클럽헤드 플레인이
라고 한다.

🏌 스윙 중 클럽헤드는 이 면에서 벗어나지 않고 이동
한다.

엘보 플레인(elbow plane, clubshaft plane)

🏌 클럽샤프트 라인의 연장선이 엘보 플레인이다.

🏌 엘보 플레인과 숄더 플레인은 평행으로 회전한다.

🏌 어드레스 시 클럽샤프트의 연장선은 전방경사 자세를 취하고 있는 목뼈와 직각으로 교차
한다.

| 백스윙 | 다운스윙 | 피니시 |

엘보플레인

엘보플레인은
샤프트라인의 연장성

임팩트 후엔 왼쪽 팔꿈치가
엘보플레인에 올라탄다

- 백스윙과 다운스윙에서는 오른쪽 팔꿈치가, 폴로스루에서는 왼쪽 팔꿈치가 어드레스 시에 클럽샤프트의 연장선상에서 벗어나지 않고 회전운동을 한다. 이 회전면을 엘보 플레인이라고 한다.

- 엘보 플레인이나 숄더 플레인 모두 목뼈와 직각으로 회전하므로 둘 다 평행이 된다.

그립엔드는 엘보 플레인과 클럽헤드 플레인 사이를 왕복한다

- 그립엔드는 어드레스 시에는 클럽헤드 플레인보다 낮은 위치에 있으나, 백스윙이 시작되면 서서히 클럽헤드 플레인에 가까워져 클럽샤프트가 지면과 수평이 되는 높이부터 위에서는 클럽헤드 플레인에 올라타게 된다.

- 다운스윙 시에도 클럽샤프트가 수평이 되는 높이까지는 클럽헤드 플레인에 올라타고 있지만, 그보다 낮아지면 클럽헤드 플레인에서 떨어져 어드레스 때의 위치에 가까워진다.

- 폴로스루 시에는 엉덩뼈의 높이부터 위에서 마찬가지이다.

- 다운스윙에서는 클럽샤프트가 세로로 휘어지므로 긴 클럽이나 부드러운 샤프트의 경우에는 그립엔드가 어드레스 때보다도 약간 높은 위치로 되돌아가서 임팩트한다.

골프공의 비행원리 〈3〉 비행하는 공의 높낮이는 클럽 헤드의 입사각도로 정해진다

1. 비행하는 공의 높낮이를 결정하는 요인

비행하는 공의 높낮이는 다음 3요인에 의해 정해지는데, 이때 클럽헤드의 입사각도가 최대 요인이 된다.

🏌 클럽페이스의 로프트(앙각)……클럽 고유의 로프트와 임팩트 시의 로프트가 있다.

🏌 클럽페이스상의 최적타점(sweet spot)……우드클럽(wood club)과 아이언클럽(iron club) 날아가는 방법이 다르다.

🏌 클럽헤드의 궤도(다운스윙의 입사각)……사용하는 클럽에 따라 달라진다.

로프트(loft)

🏌 로프트각이 클수록 공은 높이 비행하게 된다.

🏌 임팩트 로프트……클럽 고유의 로프트가 아니라 임팩트 시의 실제 로프트는 다음과 같다.

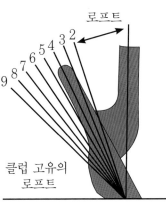

- 클로즈드 페이스(closed face)→ 로프트 小
- 오픈 페이스(open face)→ 로프트 大
- 핸드 퍼스트(hand first)→ 로프트 小
- 핸드 레이트(hand late)→ 로프트 大

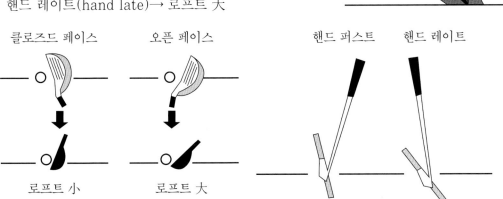

클로즈드 페이스	오픈 페이스	핸드 퍼스트	핸드 레이트
로프트 小	로프트 大		

클럽페이스상 최적타점

- 🏌 클럽페이스에서 맞는 부분에 따라 비행하는 공의 높이가 달라진다.
- 🏌 클럽페이스의 상단에 맞으면 공은 높이 비행한다.
- 🏌 클럽페이스의 하단에 맞으면 공은 낮게 비행한다.

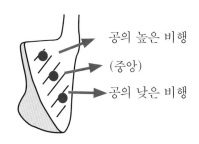

공의 높은 비행

(중앙)

공의 낮은 비행

다운스윙의 입사각도

- 🏌 1개의 클럽을 사용하거나 클럽페이스의 최적타점(sweet spot)으로 공을 칠 때 로프트와 타점위치를 일정하다고 가정하면 비행하는 공의 높이는 클럽헤드의 '입사각(angle of approach)'에 의해 정해진다.
- 🏌 역학적으로 볼 때 좌우방향도 마찬가지인데, 이 경우에는 클럽헤드의 궤도를 수평방향에서 본 것이다. 클럽헤드의 궤도를 수평방향에서 보면 클럽헤드는 높은 곳에서부터 하강해 와서 최저점에 도달한 후 다시 한 번 상승해간다.
- 🏌 궤도의 하강부분인지, 최저점인지, 상승부분인지, 어떤 부분에서 공을 칠지를 다운스윙의 입사각이라고 하는데, 이것에 의해 비행하는 공의 높낮이가 정해진다.

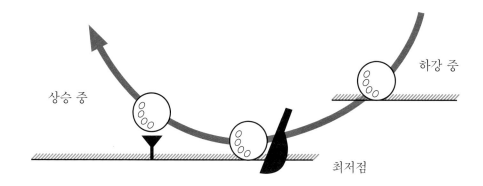

상승 중

하강 중

최저점

2. 로프트에 따른 높이로 비행하게 치는 레벨블로(level blow)

그림처럼 클럽헤드 궤도의 최하점에서 임팩트하는 것을 레벨블로(level blow)라고 하는데, 이때에는 로프트에 따른 높이로 비행하게 된다. 페어웨이우드나 롱아이언은 레벨블로로 치도록 클럽이 설계되어 있다.

궤도의 최하점에서 치는 레벨블로

3. 공이 높이 비행하게 되는 어퍼블로

그림처럼 클럽헤드가 최하점을 지나 상승 중일 때 임팩트하는 것을 어퍼블로(upper blow)라고 하는데, 이때 공은 높이 비행하게 된다. 드라이버(우드 1번)는 티업하여 어퍼블로로 치도록 설계되어 있다.

공이 잔디 위에 어느 정도 떠 있지 않은 한 땅 위의 볼을 어퍼블로로 치는 것은 사실상 불가능하다.

참고
Reference

클럽의 로프트는 볼을 올리기 위해 붙어 있는 것이다. 공을 올리고 싶으면 로프트를 믿고 클럽헤드를 지면에 떨어뜨리면 된다.

4. 공이 낮게 비행하게 되는 다운블로

그림처럼 클럽헤드가 최하점에 도달하기 전에 하강 중일 때 임팩트하는 것을 다운블로 (down blow)라고 하는데, 이때 공은 낮게 비행하게 된다(descending blow라고도 한다). 숏아이언은 다운블로를 치기 쉽도록 풀각도(pull angle)가 크게 설계되어 있다.

볼이 지면의 패인 곳에 들어가 있을 때에는 숏아이언 이외의 클럽으로도 다운블로를 칠 수 있다.

Reference

숏아이언은 다운블로(down blow)로 핀을 노린다

숏아이언은 비거리를 요구하지 않고 목표지점에 공을 떨어뜨려 백스핀이 걸리게 하여 공을 꼭 맞게 멈추게 하는 클럽이다. 따라서 페이스면적도 넓고, 로프트도 크고, 다운블로로 쳐서 백스핀효과가 높아지도록 풀각도(pull angle)가 크게 설계되어 있다.

공을 친후
잔디가 깍인다.

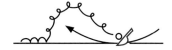

8번 아이언으로 하는 통상적인 샷
로프트 42도

PW에서 42도가 될 법한
다운블로샷

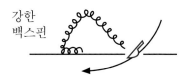

강한
백스핀

드라이버는 어퍼블로에서 비거리를 요구한다.

드라이버(W1)의 로프트는 10도 전후이지만 비거리가 최대가 되는 경우는 쳐내는 각도가 20도 정도일 때이다. 따라서 드라이버샷에서는 공을 티업하고, 어퍼블로로 쳐서 쳐내는 각도를 20도로 해야 한다.

로프트 25도의 클럽(4W)에서 레벨블로로 쳐도 쳐내는 각도는 20도가 되지만, 여기서는 백스핀(공에 걸리는 후방으로의 회전)이 너무 많이 걸려 비행하는 공은 도중부터 속도를 잃어 낙하 후 굴러가는 정도가 되어버려 비거리가 나오지 않는다.

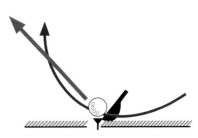

궤도 상승 중에 치는 어퍼블로

드라이버샷

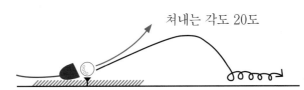

쳐내는 각도 20도

로프트 10도의 드라이버(W1)를 어프블로로 쳐서 런을 낸다.

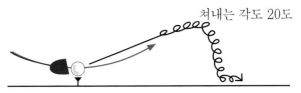

쳐내는 각도 20도

로프트 25도의 클럽을 레벨 블로로 쳐내도 쳐내는 각도는 같아지지만, 백스핀이 너무 많이 걸려 런이 안 나온다.

골프공의 비행원리 〈4〉 공의 좌우회전은 클럽페이스의 방향에 의해 정해진다

1. 클럽페이스

쳐낸 공은 그대로 똑바로 날아가지 않고 오른쪽으로 휘거나 왼쪽으로 휘기도 한다. 공이 휘는 원인은 임팩트 때 클럽페이스의 방향에 따라 공의 좌우에 스핀(side spin)이 걸리기 때문이다.

공은 클럽페이스의 방향(clubface position)에 따라 좌우로 휘게 된다. 임팩트 때 원주접선에 대한 클럽페이스의 방향에는 다음의 3종류가 있다.

- 원주접선과 직각이 되는 스퀘어 클럽페이스 → 원주접선 방향으로 똑바로 날아가는 스트레이트볼
- 원주접선의 오른쪽으로 향하는 오픈 클럽페이스 → 오른쪽으로 휘는 슬라이스볼
- 원주접선의 왼쪽을 향하는 클로즈드 클럽페이스 → 왼쪽으로 휘는 훅볼

2. 스퀘어 클럽페이스라면 스트레이트볼이 된다

그림처럼 원주접선과 목표선이 일치하거나 클럽헤드 궤도가 인사이드 인 궤도일 때, 클럽페이스의 방향이 원주접선과 직각이 되어 있는 상태를 '스퀘어 클럽페이스'라고 한다. 이때 어드레스가 스퀘어로 셋업되어 올바른 인사이드 인 궤도로 스윙되면 공은 원주접선 방향으로 똑바로 날아가는 '스트레이트볼'이 된다.

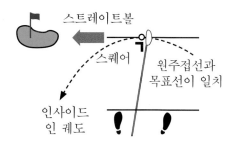

3. 오픈 클럽페이스라면 슬라이스볼이 된다

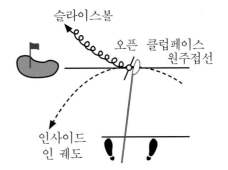

임팩트 때 클럽페이스가 원주접선에 대해 오른쪽 방향으로 된 상태를 '오픈 클럽페이스'라고 한다. 이때 공은 원주접선보다 살짝 오른쪽으로 쳐진 후 좀더 오른쪽으로 휘면서 날아가는 '슬라이스볼'이 된다.

오픈 클럽페이스가 되는 원인은 다음과 같다.

ꝟ 슬라이스그립이 되어 있다.

ꝟ 오드레스 시에 왼쪽 손바닥이 위를 향하도록 그립을 하고 있으면 임팩트에서 오픈 클럽페이스가 된다.

ꝟ 백스윙부터 톱까지 왼쪽 손목이 손등쪽으로 구부러진 상태 그대로 임팩트로 내려오면 오픈 클럽페이스가 된다.

ꝟ 임팩트에서 왼쪽 팔꿈치가 구부러져 왼쪽 겨드랑이가 벌어져버리면 아래팔이 늦게 되돌아오게 되어 오픈 클럽페이스가 된다.

4. 클로즈드 클럽페이스라면 훅볼이 된다

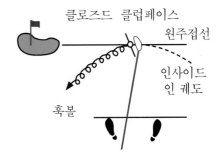

임팩트 때 클럽페이스가 원주접선에 대해 왼쪽으로 향해 있는 상태를 '클로즈드 클럽페이스'라고 한다. 이때 공은 원주접선보다 살짝 왼쪽으로 쳐진 후 좀더 왼쪽으로 휘면서 날아가는 '훅볼'이 된다.

클로즈드 클럽페이스가 되는 원인은 다음과 같다.

ꝟ 훅 그립이 되어 있다.

ꝟ 어드레스 때 왼쪽 손등이 위를 향하도록 그립을 하고 있으면 임팩트에서 클로즈드 클럽페이스가 된다.

ꝟ 백스윙부터 톱까지 왼손 손목이 손바닥 쪽으로 굽혀진 상태 그대로 임팩트로 내려오면 클로즈드 클럽페이스가 된다.

ꝟ 임팩트에서 아래팔이 너무 빨리 되돌아오면 클로즈드 클럽페이스가 된다.

골프공의 비행원리 〈5〉 공의 후방회전은 클럽페이스의 로프트로 정해진다

1. 백스핀이 걸리는 요인

비행 중인 공에는 후방으로의 회전(백스핀)이 걸려 있다. 백스핀은 공의 비거리를 늘리는 효과와 의도한 지점에 정확하게 멈추게 하는 효과가 있어 볼컨트롤 시에 중요한 역할을 한다.

백스핀이 걸리게 하는 요인은 다음과 같다.

♟ 클럽페이스의 로프트(loft＝앙각)

♟ 다운스윙의 입사각(angle of approach)

♟ 클럽헤드의 스피드

♟ 클럽페이스와 공의 접촉시간(용구의 재질)

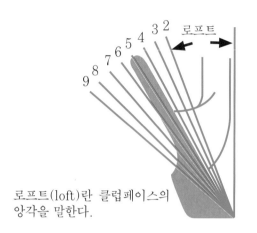

로프트(loft)란 클럽페이스의 앙각을 말한다.

2. 클럽페이스의 로프트와 백스핀

클럽 고유의 로프트

클럽에는 그 기능을 살리기 위해 클럽페이스의 로프트가 붙어 있다. 특히 숏아이언은 비거리를 요구하기보다는 공을 높이 올리거나 낙하 후에 굴러가는 것을 적게 하기 위해 로프트가 크게 되어 있다. 로프트가 클수록 백스핀은 강하게 걸린다.

클럽별 로프트

샌드웨지 : 58도
피칭웨지 : 52도
9번아이언 : 46도
8번아이언 : 42도
7번아이언 : 38도
6번아이언 : 34도
5번아이언 : 30도

4번아이언 : 26도
3번아이언 : 23도
5번롱우드(통칭 cleek) : 로프트 약 21도
4번우드(통칭 buffy) : 로프트 약 19도
3번우드(통칭 spoon) : 로프트 약 16도
1번우드(통칭 드라이버) : 로프트 8~12도

임팩트 로프트(impact loft)

클럽 고유의 로프트가 아닌 임팩트 시점에서 실제 클럽페이스 앙각을 '임팩트 로프트'라고 한다.

〈임팩트 때〉

🏌 그립엔드가 목표방향으로 나오면(hand first), 임팩트 로프트는 작아지고 낮은 볼이 된다.

🏌 그립엔드가 늦어져 클럽헤드가 먼저 나오면 (hand late), 임팩트 로프트는 커지고 높은 볼이 된다.

〈어드레스 때〉

🏌 볼위치를 오른발 가까이로 하면 핸드 퍼스트(hand first)가 되고, 임팩트 로프트는 작아진다.

🏌 볼위치를 왼발 가까이로 하면 핸드 레이트(hand late)가 되고, 임팩트 로프트는 커진다.

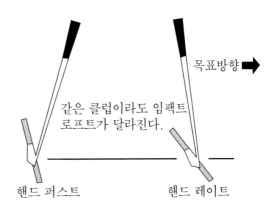

같은 클럽이라도 임팩트 로프트가 달라진다.

목표방향 ➡

핸드 퍼스트   핸드 레이트

〈오픈 페이스와 클로즈드 페이스〉

🏌 핸드 포지션과 볼 포지션을 일정하게 해고, 손 안에서 클럽샤프트를 돌려 클럽페이스의 방향을 바꿔본다.

🏌 클로즈드 페이스로 하면 임팩트 로프트가 작아진다.

🏌 오픈 페이스로 하면 임팩트 로프트가 커진다.

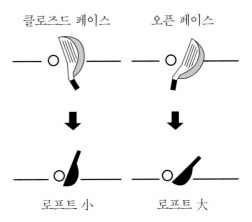

클로즈드 페이스   오픈 페이스

로프트 小   로프트 大

3. 다운스윙의 입사각도와 백스핀

임팩트 로프트가 같은 경우에는 입사각도가 급각도일수록 백스핀은 세게 걸린다. 8번 아이언(로프트 42도)으로 하는 레벨블로보다 9번 아이언(로프트 46도)을 써서 볼위치를 살짝 오른쪽으로 치우치게 한 핸드 퍼스트에서 임팩트 로프트를 42도로 한 다운블로 쪽이 백스핀은 세게 걸린다.

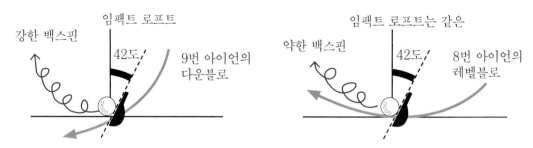

참고
Reference

솟아이언은 왜 다운블로로 치는가
숏아이언은 비거리를 요하지 않고, 의도한 지점에 공을 떨어뜨리는 정확성이 요구되는 클럽이다. 때문에 페이스면적도 넓고, 로프트도 크고, 나아가 유효면적을 넓게 쓰도록 '풀각도(pull angle)'를 크게 해서 다운블로로 치도록 설계되어 있다.
그립엔드가 왼쪽 엉덩뼈 안쪽을 가리키도록 어드레스하면 클럽의 풀각도에 의해 클럽이 짧아짐에 따라 볼위치가 오른발에 가까워짐을 알 수 있다.

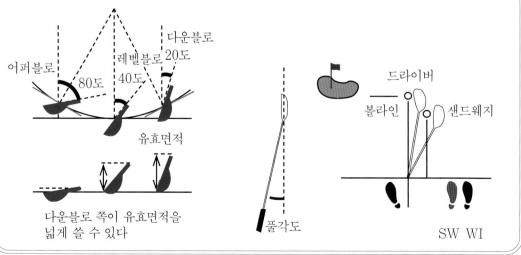

4. 클럽헤드의 스피드와 백스핀

임팩트 로프트와 입사각도가 모두 같은 경우에는 클럽헤드의 스피드가 빠른 쪽이 백스핀이 강하게 걸린다. 예를 들어 드라이버샷의 경우, 클럽헤드의 스피드가 빠른 사람이 로프트가 큰 클럽을 쓰면 백스핀이 강하게 걸려 공이 너무 높이 떠올라 거리가 안 나온다. 따라서 헤드스피드(HS)가 빠른 사람은 로프트 8~10도인 드라이버가 적합하다.

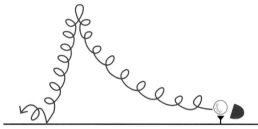

클럽헤드의 스피드가 빠르면 백스핀이 너무 많이 걸려 공이 멀리 날아가지 않는다. → 로프트각이 작은 클럽을 쓰는 것이 좋다.

클럽헤드의 스피드가 느리면 백스핀이 걸리지 않고 바로 낙하하여 공이 멀리 날아가지 않는다. → 로프트각이 큰 클럽을 써서 체공거리를 늘린다.

반대로 클럽헤드의 스피드가 느린 사람이 로프트가 작은 클럽을 쓰면 백스핀이 적어서 체공시간이 짧고, 공이 빨리 낙하되어 거리가 안 나온다. 따라서 헤드스피드(HS)가 느린 사람은 로프트 11도 이상인 드라이버가 적합하다.

참고
Reference

로프트가 58~64도인 것도 있다
어프로치웨지(AW : approach wedge)
로브웨지(LW : lob wedge), 피칭웨지(PW : pitching wedge), 피칭샌드(PS : pitching sand) 등으로도 불리며, 공을 높이 올려 멈추게 칠 때 사용한다.

볼이나 클럽헤드의 재질과 백스핀

사용하는 볼의 재질이나 클럽페이스의 재질에 따라서도 백스핀이 걸리는 정도가 달라진다.

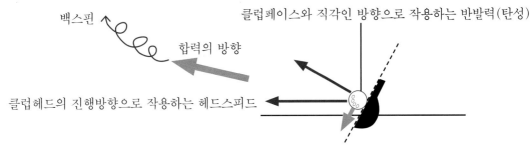

마찰력의 작용방향

🏌 공이 쳐지는 높낮이는 그림과 같이 3가지 힘의 '합력' 방향이 된다. 이때 마찰력이 작으면 공은 높이 올라가지만 백스핀 양은 적어지고, 마찰력이 크면 공은 낮게 날아가지만 백스핀 양은 많아진다.

🏌 임팩트 시 볼과 클럽페이스의 접촉시간이 짧은 투피스볼이나 메탈(metal, 금속)헤드는 마찰력이 작으므로 쳐내는 각도는 높지만, 백스핀 양이 적어 런이 커진다.

🏌 임팩트 시 볼과 클럽페이스의 접촉시간이 긴 실감개볼(wound ball, 감나무)이나 퍼시몬 헤드는 백스핀 양이 크기 때문에 낙하 후에 공이 잘 멈춘다.

🏌 비거리를 요구하는 드라이버샷은 투피스볼이 유리하며, 핀을 노리는 숏아이언은 실감개볼이 유리하다.

참고
Reference

임팩트 로프트를 이용하는 응용기술의 예
드라이버(W1)의 로프트는 10도 전후이지만, 비거리가 최대가 되는 것은 쳐내는 각도가 20도 정도일 때이다. 따라서 드라이버샷에서는 볼을 티업해서 어퍼블로로 치고, 임팩트 로프트를 크게 하여 쳐내는 각도를 20도 정도로 해야 한다.
칩샷에서는 볼을 오른쪽에 가깝게 하고 그립엔드를 목표방향에 가깝게 하고(hand first) 임팩트 로프트를 작게 하여, 낮게 그리고 백스핀효과가 있도록 치는 방법을 쓴다.
낮게 굴러가는 구질을 치고 싶을 때에는 클로즈드 페이스로, 높은 백스핀효과가 있는 구질을 치고 싶을 때에는 오픈 페이스로 하는 응용기술이 종종 사용된다.

제2장

골프공의 비행궤도와 미스샷 교정

클럽헤드의 궤도에 의한 '좌우의 방향'과 클럽페이스의 방향에 의한 '휘는 것'을 조합시키면 공의 비행궤도는 9종류가 된다. 9종류의 공의 비행궤도가 생기는 원인과 결과를 이해하면 미스샷의 결과를 보고 그 원인을 찾아낼 수 있다. 나아가 이것을 이용하면 의식적으로 공이 휘게 날아가도록 칠 수도 있을 것이다.

골프공의 비행궤도

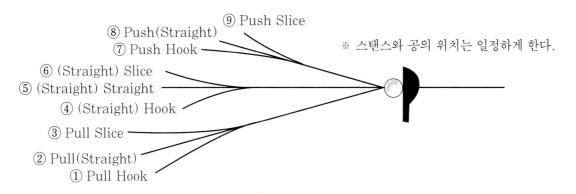

골프공의 비행궤도

공의 비행궤도 이름	목표선에 대한 헤드의 궤도	접선에 대한 페이스의 방향	공의 비행 모습
① Pull Hook	아웃사이드 인	클로즈드	왼쪽으로 날아가서 왼쪽으로 휜다.
② Pull(Straight)	아웃사이드 인	스퀘어	왼쪽으로 날아가서 스트레이트
③ Pull Slice	아웃사이드 인	오픈	왼쪽으로 날아가서 오른쪽으로 휜다.
④ (Straight) Hook	인사이드 인	클로즈드	똑바로 날아가서 왼쪽으로 휜다.
⑤ (Straight) Straight	인사이드 인	스퀘어	똑바로 목표지점으로 날아간다.
⑥ (Straight) Slice	인사이드 인	오픈	똑바로 날아가서 오른쪽으로 휜다.
⑦ Push Hook	인사이드 아웃	클로즈드	오른쪽으로 날아가서 왼쪽으로 휜다.
⑧ Push(Straight)	인사이드 아웃	스퀘어	오른쪽으로 날아가서 스트레이트
⑨ Push Slice	인사이드 아웃	오픈	오른쪽으로 날아가서 오른쪽으로 휜다.

※ ( ) 속은 보통 생략해서 부른다.
※ ①의 풀훅과 ⑨의 푸시슬라이스는 미스샷(miss shot)이다.
　②, ③, ④, ⑥, ⑦, ⑧의 각 샷은 ①과 ⑨를 응용한 샷(intentional shot)으로, 의식적으로 사용할 수도 있다.

참고
Reference

페이드볼(fade ball)과 드로볼(draw ball)
의식적으로 혹은 살짝 슬라이스를 시킨 ③, ⑥의 샷을 페이드볼(fade ball)이라 하고, 의식적으로 혹은 살짝 훅시킨 ④, ⑦의 샷을 드로볼(draw ball)이라고 한다.

공의 비행궤도에 의한 미스샷 교정

비슷한 공의 비행궤도로 미스샷을 반복하는 골퍼는 9종류의 궤도 중에서 '⑤ 스트레이트 스트레이트' 이외의 방법으로 치고 있는 것이다. 이때 공의 비행궤도(결과)를 보고, 그 원인(헤드의 궤도와 페이스의 방향)을 교정한다.

1. 관찰순서와 교정방법

관찰순서 1 공을 쳐내는 방향을 관찰한다.

🏌 공을 쳐내는 방향이 '풀(pull)'인지 '푸시(push)'인지를 관찰한다. '풀'이면 비행궤도가 아웃사이드 인이고, '푸시'라면 스윙궤도가 인사이드 아웃이다.

교정방법 1 교정 시에는 긴 봉을 사용한다.

🏌 대상자의 그립 10cm 앞에 긴 봉을 공의 비행라인과 평행으로 두고 스윙을 하게 한다.

🏌 아웃사이드 인 비행궤도인 사람은 백스윙 혹은 다운스윙에서, 인사이드 아웃 비행궤도인 사람은 폴로스루에서 클럽이 봉에 맞을 것이다.

관찰순서 2 공의 비행궤도가 휘는 것을 관찰한다.

🏌 쳐낸 공이 '슬라이스(slice)'인가 '훅(hook)'인가를 관찰한다. '슬라이스'면 임팩트 시에 클럽페이스가 '오픈'된 것이고, '훅'이면 클럽페이스가 '클로즈드'된 것이다.

교정방법 2

🏌 이때에는 클럽페이스의 방향에 가장 관계가 있는 그립과 손바닥의 방향을 체크한다.

🏌 다음으로 양쪽 팔꿈치의 간격, 손목의 포지션(상태)을 체크한다.

배드민턴 라켓면에 청색과 흰색보드를 붙여 사용하면 페이스의 방향을 설명할 때 도움이 된다.

클럽샤프트의 오른쪽에 흰색 테이프를,
왼쪽에 청색 테이프를 붙여도 같은 효과가 있다.

2. 인텐셔널 슬라이스/2가지

의식적으로 클럽페이스의 방향이나 클럽헤드의 궤도를 바꿔 슬라이스나 훅을 치는 것을 각
각 '인텐셔널 슬라이스(intentional slice)', '인텐셔널 훅(intentional hook)'이라고 한다.
숙련된 골퍼는 장애물을 피하거나 핀의 위치, 풍향 등을 고려하여 응용기술로서 이용한다.
의식적으로 살짝 슬라이스시키는 구질을 '페이드볼(fade ball)', 살짝 훅시키는 구질을 '드
로볼(draw ball)'이라고 한다. 페이드볼은 안전성에서 뛰어나며, 드로볼은 비거리를 늘리
는 데 유리하다.

인텐셔널 하이 슬라이스(intentional high slice)

🏌 공의 비행궤도 '⑥ 스트레이트 슬라이스'에 의한 방법인데, 이 경우에는 높은 구질의 슬
라이스가 된다. 우선 스퀘어 스탠스 상태에서 그립의 형태를 바꾸지 말고 손 안에서 클럽
샤프트의 축을 돌려 클럽페이스를 오픈페이스로 한다.

🏌 이어서 클럽페이스가 목표선과 직각이 될 때까지 스탠스를 오픈으로 한다. 스탠스의 선
을 기준으로 하여 스트레이트볼을 칠 때와 같은 스윙을 하면 공은 목표보다 왼쪽으로 쳐
진 다음, 높은 슬라이스볼이 되어 목표를 향하게 된다.

🏌 클럽페이스는 목표선과 직각, 스탠스의 방향을 향해 스윙한다.

🏌 높은 슬라이스볼은 낙하 후 바로 멈추는 이점이 있다. 뒤에서 설명할 피치샷과 익스플로
전샷은 이 방법에 의한 것이다.

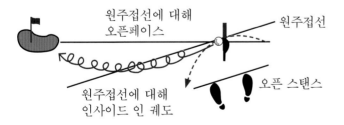

인텐셔널 로 슬라이스(intentional low slice)

🏌 공의 비행궤도 '③ 풀 슬라이스'에 의한 방법인데, 이 경우에는 낮은 구질의 슬라이스가 된다. 스퀘어 스탠스 상태에서 백스윙을 업라이트로 올려 아웃사이드 인 궤도로 스윙하고, 임팩트 직후에 왼쪽 팔꿈치를 뒤로 당기듯이 하여 클럽페이스를 목표선에 대해 스퀘어로 한다.

🏌 아웃사이드 인 궤도로 하면 입사각도가 급각도를 이루므로 공을 깔끔하게 잡기 쉽지만, 그 대신 구질은 낮아진다. 낮은 슬라이스가 필요한 경우에 효과적인 기술이다.

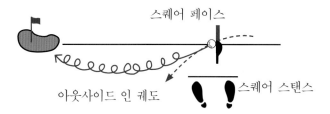

3. 인텐셔널 훅/2가지

인텐셔널 로 훅(intentional low hook)

🏌 공의 비행궤도 '④ 스트레이트 훅'에 의한 방법인데, 이 경우에는 낮은 구질의 훅이 된다. 우선 스퀘어 스탠스 상태에서 클럽샤프트를 손에서 돌려 클로즈드 페이스로 하고, 이어서 클럽페이스가 목표선과 직각이 될 때까지 스탠스를 클로즈드로 한다.

🏌 스탠스의 선을 기준으로 하여 스트레이트볼을 칠 때와 같은 스윙을 하면 공은 목표보다 오른쪽 방향으로 쳐진 후 낮은 훅볼이 되어 목표를 향하게 된다.

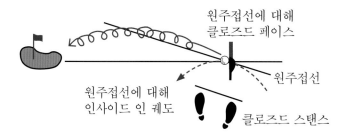

♟ 클럽페이스는 목표선과 직각, 스탠스의 방향을 향해 스윙한다.

♟ 로훅(low hook)은 낮게 굴러가는 것이 많은 구질이다.

♟ 낮은 훅볼이 필요한 경우나 맞바람일 때 효과적인 기술이다.

인텐셔널 하이 훅(intentional high hook)

♟ 공의 비행궤도 '⑦ 푸시 훅'에 의한 방법인데, 이 경우에는 높은 구질의 훅이 된다. 스퀘어 스탠스 상태에서 인사이드 아웃 궤도로 스윙하고, 임팩트에서는 클럽페이스를 목표선에 대해 스퀘어로 한다. 인사이드 아웃 궤도는 다운스윙 쪽이 낮고, 폴로스루쪽이 높아지므로 높은 구질이 된다.

♟ 이때 볼의 라이(놓여진 상태)가 좋지 않으면 볼을 잡기 전에 클럽헤드가 지면에 닿기(공을 칠 때 공 앞의 지면을 치기) 쉽다.

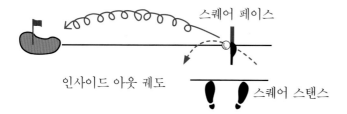

티업한 공을 인사이드 아웃 궤도에서 치면 하이훅(high hook)을 치기 쉬워 비거리가 길어진다.

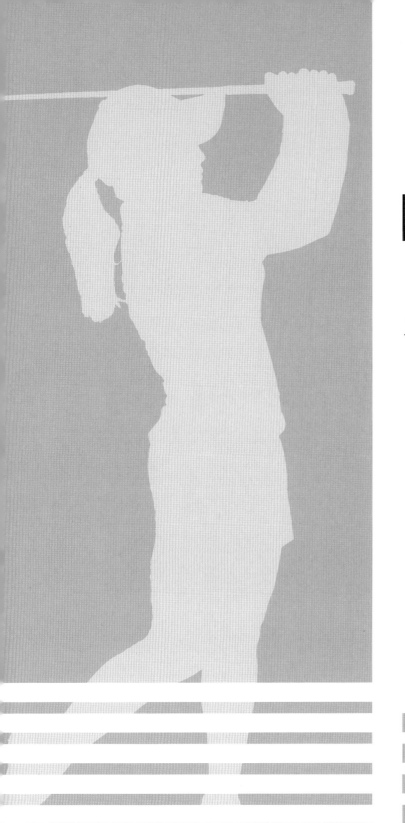

PART 3

특수한
경우의 샷

제1장

퍼팅

골프의 스트로크 중 약 반은 퍼팅(putting)이다. 200야드의 샷이나 20cm의 퍼트 모두 1스트로크이다. 그만큼 퍼팅은 점수를 내기 위한 중요한 기술이며, 따라서 상급골퍼가 될수록 퍼팅연습에 많은 시간을 들이고 있다.

'퍼팅에 패턴 없음'과 같은 잘못된 정보 때문에 사람에 따라 자세도 가지각색이 되기 쉬우나, 퍼팅도 스윙의 하나라고 생각하면 기본스윙에 가장 가까운 자세가 퍼팅에서도 '기본적인 자세'라고 할 수 있다.

퍼팅의 특징

🏌 스윙 시에는 다른 클럽을 사용할 때보다 세로로 휘두르게 된다.

🏌 눈은 공의 바로 위에 위치한다.

🏌 세로로 휘두르라고는 하지만 어쨌든 원운동이다.

🏌 퍼터(putter)는 클럽페이스의 로프트가 가장 작은 클럽이다. 따라서 공은 공중을 날지 않고 지상을 구르게 된다.

🏌 비거리를 내기 위한 동작은 가장 작아진다.

퍼팅　　기본스윙이 7→5시 스윙

기본적인 퍼팅자세는 기본스윙 7~5시의 스윙에 가깝다.

　🏌 숏퍼팅을 할 때에는 하반신은 고정된다.

　🏌 중심이동이나 보디스윙은 아주 작아지게 된다.

　🏌 중심이동을 억제하기 위해 체중을 발꿈치에 싣고 서는 방법도 사용된다.

🏌 심리적인 영향(mental pressure)을 많이 받는다.

　🏌 다른 샷보다 심리적인 영향을 많이 받는다.

　🏌 충분한 연습으로 자신감을 갖는 것과, '반드시 넣고 말겠다!'라는 의지가 필요하다.

참고
Reference

퍼팅부터 시작하는 스윙 형성법
스윙 형성의 순서를 '퍼팅→피칭(7시→5시)→8시~4시→9시~3시→풀스윙'과 같이 작은 스윙에서 큰 스윙으로 유도하는 지도법은 실패경험을 줄이기 때문에 고령자를 지도할 때 특히 효과적인 방법이다.

퍼팅의 기본

퍼팅은 여러 가지 스타일이 있지만, 드라이버부터 퍼팅까지를 일련의 기술체계로 한다는 의미에서 되도록 숏스윙(short swing)에 가까운 스타일을 기본으로 한다.

1. 양팔의 모양이 삼각형을 이루는 것이 기본

퍼팅 시 양팔의 모양은 숏스윙과 마찬가지로 양쪽 팔꿈치를 편 '삼각형모양'을 기본으로 한다. 신장에 비해 긴 퍼터를 사용하거나 전방경사 각도를 깊게 하면 양팔을 굽힌 '오각형모양'이 될 수밖에 없는데, 이 스타일은 응용형이 된다.

2. 퍼팅의 기본은 진자스윙

퍼팅도 진자(pendulum)의 원리를 이용한 스윙이 기본이다. '진자'는 어느 한 점을 지지점으로 하여 일정한 템포(tempo)로 왕복운동을 한다. 거리 콘트롤은 진자의 '진폭의 크기'로 한다.

거리 콘트롤을 진폭의 크기가 아닌 히트의 강약으로 행하는 방법을 '탭(tap)형식'이라고 한다. 이것은 숏퍼트의 방향성에는 효과가 있으나, 거리 콘트롤에는 숙련을 요하므로 응용형으로 볼 수 있다.

기본적인   응용적인
삼각형모양   오각형모양

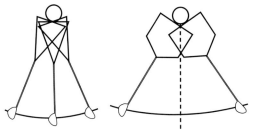

어떤 스타일로 하더라도 진자운동을 이용한 스윙이 기본이다.

2가지 진자스윙

1. 숄더식 진자스윙

진자의 지지점을 스윙의 중심(목뼈)에 두고 손목(wrist)을 고정시킨 채 어깨와 클럽헤드를 연동시킨다. 왼쪽 어깨가 주동적으로 움직이므로 '숄더(shoulder)식'이라고 부른다. 숏퍼팅(short putting)에서는 처음부터 왼발에 체중을 싣고 하반신을 고정한 채 중심이동은 하지 않는다. 롱퍼팅(long putting)에서는 가볍게 중심이동을 한다.

기본적인 숄더식

기본적인 진자스윙은 백스윙과 폴로스루의 진폭이 같아진다.

응용적인 탭(tap)형식에서는 공을 '휙'하고 치고 폴로스루형태는 취하지 않는다.

2. 리스트식 진자스윙

진자의 지지점을 그립엔드에 두고, 어깨를 고정한 채 손목(wrist)을 움직이는 '리스트식'
은 숏퍼트의 방향성에는 효과적이지만 거리 콘트롤은 굉장히 숙련도를 요하므로 기본형이
라고 할 수 없다. 따라서 응용형으로 볼 수 있다.

응용형인 리스트식

참고
Reference

암(arm)식 진자스윙은 잘못된 방법이다.
팔꿈치를 좌우로 슬라이드시킨 암(arm)식 또는 엘보
(elbow)식은 진자운동이라고 할 수 없으며, 불확실한 요소가
많은 잘못된 방법이다.

퍼팅의 이해
퍼팅 때문에 고민하는 사람은 '퍼팅이란 골프스윙 중에서도
가장 단순한 기술'이라고 생각하면 편해질 것이다.

퍼팅 시의 그립은 스퀘어그립이 기본

퍼팅의 그립도 좌우 손바닥이 마주보고 목표선에 대해 직각으로 두는 스퀘어그립이 기본이다. 샷할 때의 그립과 다른 점은 양쪽 엄지손가락이 샤프트 바로 위에 놓인다는 점이다. 오각형모양에서 보이는 양쪽 손바닥을 위로 향하게 하는 그립 등은 응용적인 그립이다.

양손을 조합하는 방법에는 여러 가지가 있다. '숄더와 진자'모양에서는 손목은 확실히 블록(block)되어 있으므로 스퀘어이기만 하면 어떤 방법이든 다 좋지만, 초보자는 일관적인 샷과 마찬가지로 '9핑거 그립'을 기본으로 하는 것이 좋다.

양쪽 손바닥은 마주본다.

양쪽 엄지손가락은 샤프트 바로 위

왼쪽 어깨의 리드에 의한 숄더 스트로크
식을 하기 쉬운 크로스핸드그립

오른손 5개의 손가락으로 쥐는
역오버래핑그립

퍼팅 시의 어드레스는 스퀘어스탠스가 기본

퍼팅을 할 때에도 스퀘어스탠스 자세를 취한다. 어깨의 선, 양쪽 팔꿈치의 선, 허리의 선, 스탠스의 선, 나아가 양쪽 눈을 잇는 선(eye-line) 모두 목표선과 평행하도록 자세를 취한다. 오픈스탠스나 클로즈드스탠스는 응용적인 스탠스로 이용한다.

스탠스의 너비는 왼발 6 : 오른발 5로 하여 왼쪽 어깨를 살짝 끌어올린 자세를 취한다. 공은 왼쪽 눈 바로 아래에 두고, 스윙의 중심은 볼 뒤쪽이다.

어깨의 선, 양쪽 팔꿈치의 선, 허리의 선, 스탠스의 선이 모두 목표선과 평행하게 한다.

스윙의 중심은 볼 뒤쪽에 두고, 공은 왼쪽 눈 아래에 둔다.

양쪽 눈을 잇는 선(eye-line)은 목표선과 평행으로 하는 것이 중요하다.

퍼팅의 연습방법

퍼팅은 **거리**, **방향**, 그린을 읽는 게임이다. 퍼팅은 공이 공중을 날지 않으므로 거리와 방향의 2요소로 이루어진다. 연습해보면 알 수 있듯이 거리 콘트롤이 방향 콘트롤보다 훨씬 어렵다. 다음은 퍼팅연습에서 알아두어야 할 사항이다.

퍼팅연습 시에는 먼저 거리감을 길러야 한다. 이때 스트로크의 크기나 히트의 강약에 따라 공이 굴러가는 정도나 거리의 차이를 스스로의 감각으로 만들어주는 것이 중요하다.

퍼팅연습 시에는 방향성을 높여야 한다. 이때에는 치는 방향에 대해 퍼터페이스(putter face)를 정확히 직각으로 두는 것과 스트로크의 궤도를 정확하게 그리는 것이 중요하다.

그린면의 경사에 의한 영향과 잔디질에 의한 영향을 익혀야 한다.

1. 퍼팅 시의 거리 연습법

퍼팅 시에 거리를 안정시키려면 일정템포를 유지해야 한다. 퍼터의 그립엔드를 잡고 진자처럼 흔들어보면 1분간 약 34회 왕복하는 것을 알 수 있다. 롱퍼트(long putter)나 숏퍼트(short putter) 모두 이 템포를 바꾸지 말고 스트로크시킨다.

템포가 일정하면 거리는 '진자의 크기'에 비례한다. 거리 콘트롤은 스트로크의 '강약'보다 스트로크의 '대소'에 의하는 편이 훨씬 쉽다.

퍼팅연습이나 지도 시에 "지금은 약해!"라든가 "좀더 세게 칠 것!"과 같은 말을 하면 탭(tap)식을 연상시키므로 대상자가 헷갈리게 된다. 따라서 "백스윙은 좀더 크게!", "좀더 폴로스루를 하도록!"하는 것이 좋다.

진자의 템포는
1분간 34회 왕복

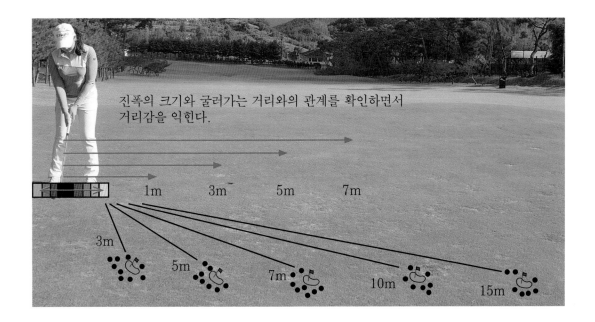

진폭의 크기와 굴러가는 거리와의 관계를 확인하면서
거리감을 익힌다.

클러스터 퍼팅 연습

클러스터(cluster)란 포도송이처럼 덩어리진 것을 말한다. 퍼팅연습 시에 거리가 다른 목표지점에 공을 클러스터처럼 보내서 도착하게 해보면 거리감을 기르는 데 많은 도움이 된다.

2. 퍼팅 시의 방향 연습

퍼팅 시에는 퍼터페이스(putter face)를 목표선과 직각으로 둔다.

스퀘어 페이스(square face)

숏퍼트에서는 클럽페이스가 목표방향에 대해 직각이 되는 것이 중요하다. 임팩트 때 클럽페이스의 각도가 1도 벗어나면 3m 앞에서 공은 홀에 닿지도 못하게 된다.

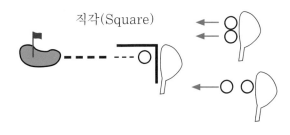

직각(Square)

〔연습방법〕
2개의 공을 세로로 늘어놓고 스트로크한다.
2개의 공이 같은 속도로 굴러가면 스퀘어 페이스다.

2개의 공을 가로로 늘어놓고 스트로크한다.
2개의 공이 일직선으로 굴러가면 스퀘어 페이스이다.

퍼팅의 스트로크도 인사이드 인 궤도

퍼팅도 스윙의 하나이므로 당연히 클럽헤드의 궤도는 원운동을 한다. 원운동은 「하강～최저점～상승의 궤도」, 「인사이드 인 궤도」의 2면성을 갖고 있다.

클럽헤드는 결코 직선으로는 움직이지 않는다. "클럽헤드를 똑바로 당겨서 똑바로 내밀어"라든가, "인사이드로 당겨서 똑바로 내밀어"라는 말은 모두 잘못된 것이다.

※ 퍼팅은 14개의 클럽스윙 중에서 가장 세로로 휘두르는 스윙임을 의식하여야 한다.

공의 심을 퍼터페이스의 중심으로 꿰뚫는다

공의 심을 빼거나 퍼터페이스의 중심을 빼면 방향성이나 거리 모두 벗어나버린다.

3. 퍼팅 시 그린읽기 연습

퍼팅 시 '가상의 홀'을 어디로 상정할지가 '그린을 읽는 기술'의 요점이다.

"퍼팅그린에는 요괴가 살고 있다"는 말도 있듯이 골프의 묘미 중 반은 퍼팅그린에 있다고 해도 과언이 아니다. 퍼팅은 단지 실재하는 홀을 향해 스트로크하면 된다는 차원의 단순한 것이 아니라, 다음과 같은 그린 위의 조건을 읽어내는 기술이 필요하다.

🏌 잔디의 종류……벤트그라스(bent grass)인지 고려잔디인지
🏌 잔디의 길이……그린이 깎인 높이
🏌 잔디결의 방향……잔디결이 순방향인지 역방향인지
🏌 잔디의 건습……잔디가 말라 있는지 젖어 있는지
🏌 그린의 경사……경사의 방향과 정도

위의 조건을 고려하면서 '가상의 홀'을 어디로 상정할지가 '그린을 읽는 기술'이고, 그 가상의 홀을 향해 올바른 방향과 거리를 고려하여 치는 것이 '스트로크기술'인데, 이 2가지를 합쳐 '퍼팅의 기술'이라고 한다.

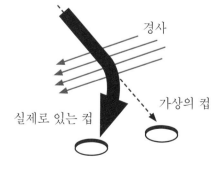

경사

가상의 컵

실제로 있는 컵

잔디의 종류

🏌 서양 잔디계인 벤트그라스(bent grass)는 결이 곱고, 잔디결보다는 경사의 영향을 많이 받으며 공이 스무스하게 굴러간다.

🏌 고려잔디는 결이 세고, 여름엔 공이 천천히 굴러가고, 겨울엔 잔디가 말라 공이 빨리 굴러간다.

🏌 벤트그라스, 고려잔디 이외에도 티프톤잔디(Tifton grass), 버뮤다잔디(Bermuda grass) 등이 있다.

잔디의 길이

🏌 그린에서 잔디를 깎는 길이는 보통 5mm 정도지만, 토너먼트에서는 3~4mm까지 깎아 빨리 굴러가는 그린으로 만들어 골퍼의 섬세한 경기력을 요구한다.

잔디의 방향

'순방향'은 잔디가 하얗게 보이고, 빠르게 굴러간다.

'역방향'은 잔디가 까맣게 보이고, 느리게 굴러간다.

잔디의 건습

🏌 젖은 그린에서는 공이 느리게 굴러가고, 마른 그린에서는 빨리 굴러간다.

그린의 경사

오르막과 내리막

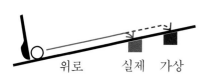 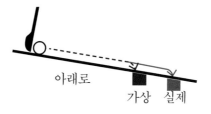

위로   실제   가상

아래로   가상   실제

▌ 퍼터의 종류

퍼터(putter)는 많은 종류가 있다. 퍼터는 다른 클럽만큼 규제를 받지 않으므로 디자인도 다양하다. 그중에는 기상천외한 것도 있어서 퍼팅의 재미를 더하고 있다. 많이 사용되는 퍼터는 다음의 4종류이다.

힐 앤드 토 형(heal and toe type)
헤드의 중량이 앞쪽끝과 밑부분에 분산되어 있어서 스위트스폿(sweet spot)이 확대되므로 미스샷을 줄여준다. 현재 가장 많이 보급되어 있다.

L형(blade type)
롱퍼트(long putt) 시에 거리를 맞추기 쉽다.

D형(mallet type)
자세를 취했을 때 묵직한 안정감이 있다.

T형(cash in type)
샤프트의 연장 상에 스위트스폿이 있어서 스폿을 떼어내기 어려운 올라운드형이다.

제 2 장

숏게임스

그린 온(green on)을 노린 샷이 온(on)이 되지 않았을 때, 그린 주변에서 공을 홀에 가깝도록 정확하게 리커버(recover)하는 여러 기술을 숏게임스(short games) 혹은 숏어프로치(short approach)라고 한다.

여러 가지 숏게임스의 기술 중 다음의 5가지 기술이 중요하다.

- 피치 앤드 런(pitch and run)……평상시보다 볼을 낮게 띄워 더 많이 굴러가게 하는 기술인데, 초보자는 이 기술만으로도 충분하다.
- 칩 퍼트(chip putt)……퍼팅과 같은 방법을 아이언으로 치는 기술이다.
- 칩샷(chipshot)……볼을 눌러서 스핀을 먹여 낮은 구질을 만드는 기술이다.
- 피치샷(pitch shot)……볼에 강한 백스핀을 걸어 높은 구질을 만드는 기술이다.
- 로브샷(lob shot)……여유로운 스윙으로 높고 부드러운 구질을 만드는 기술이다.

피치 앤드 런

피치 앤드 런(pitch and run)은 기본적인 스윙보다 스윙아크를 작게 하여 볼이 낮게 뜨도록 함으로써 더 많이 굴러가게 하는 기술이다.

스퀘어스탠스가 기본이고, 볼의 위치는 기본스윙과 같다. 클럽의 로프트가 다름에 따라 생기는 공이 날아가는 공중거리(carry)와 낙하 후 굴러가는 거리(run, roll)의 차이를 이용하여 공을 홀에 가깝게 붙인다.

30~60야드의 거리에서 장애물을 넘기지 않아도 될 때 효과가 있다.

1. 피치 앤드 런 연습법

🏌 어드레스 시의 스탠스나 볼의 위치는 기본스윙과 완전히 같다.

🏌 클럽을 6개(6, 7, 8, 9번 아이언, PW, SW) 준비한다.

🏌 먼저 '7시→5시'로 일정하게 스윙한다.

🏌 클럽이 바뀜에 따라 공이 날아가는 공중거리(carry)와 낙하 후 굴러가는 거리(run)의 변화를 확인시킨다.

🏌 6, 7, 8번 아이언을 써서 주로 '7시→5시' 스윙을 '치핑(chipping)'이라 하고, 9번 아이언, PW, SW를 써서 주로 '8시→4시' 스윙을 '피칭(pitching)'이라고 부르기도 한다.

6 I
7 I
8 I
9 I
PW
SW

2. 낮은 코스의 피치 앤드 런

🏌 낮은 코스의 피치 앤드 런(pitch and run) 6~8번 아이언을 사용한다.

🏌 6, 7, 8번 아이언을 사용하면 공을 쳐내는 각도가 낮고, 공중거리가 짧아 많이 굴러가는 코스가 된다.

🏌 가상의 시계를 이용한 스윙에 의해 '7시→5시' 이하의 스윙을 한다.

🏌 '8시→4시' 스윙에서는 60야드 이상의 거리가 나와버리기 때문에 숏어프로치의 범위 밖이라고 할 수 있다.

🏌 '7시→5시' 스윙에서는 어깨의 턴이나 중심이동은 아주 약간이고, 리스트콕(wrist cock)은 거의 이루어지지 않는다.

낮은 코스의 피치 앤드 런(pitch and run)

Reference

여성 골퍼의 경우
드라이버의 비거리는 체력적 요소 때문에 남성에게 질 수 있더라도 퍼팅이나 숏게임스에서는 남성에게 질 요소는 전혀 없다.

3. 높은 코스의 피치 앤드 런

❦ 높은 코스의 피치 앤드 런(pitch and run) 시에는 9번 아이언~샌드웨지를 사용한다.

❦ 로프트가 큰 9번 아이언, PW, SW를 사용하면 공을 쳐내는 각도가 높고, 공중거리는 길어 적게 굴러가는 구질이 된다.

❦ 로프트가 큰 클럽을 사용하면 '7시→5시' 스윙에서는 비거리가 안 나오므로 스윙의 진폭을 '8시→4시'로 크게 해나간다.

❦ 스윙진폭 변화에 의한 비거리의 변화를 확인한다.

SW(샌드웨지)에 의한 '8시→4시'의 스윙. 리스트콕이 되고 있다. 30~40야드의 거리가 나온다.

참고
Reference

PW(피칭웨지)의 스윙
7시→5시 스윙······남성 25야드, 여성 20야드
8시→4시 스윙······남성 50야드, 여성 40야드
'8시→4시' 스윙이 되면 어깨의 턴이나 중심이동도 되고, 리스트콕도 이루어진다.

'텍사스 웨지(Texas wedge)'의 유래
미국 서부 텍사스 주는 건조지대라서 잔디가 얇기 때문에 그린 밖에서도 퍼터를 사용하는 사람이 많은데, 이것을 다른 주 사람들이 '텍사스 웨지'라고 부른데서 유래된 말이다.

퍼터를 사용한 어프로치

퍼터는 그린 위에서 사용하는 클럽이라는 고정관념에서 벗어나 퍼터를 그린 밖에서 하는 샷어프로치(shot approach)에 써본다. 겨울은 잔디가 말라서 공이 잘 굴러가므로 그린 밖에서도 '퍼터를 사용할 수 있는지'를 먼저 고려한다.

퍼터로 하는 어프로치의 요령은 다음과 같다.

🏌 공이 잘 굴러가게 하기 위해서 공을 왼쪽에 약간 가깝게 하고, 왼쪽 어깨를 살짝 위로 올려 자세를 취한다.

🏌 공을 떨쳐올리듯 쳐서 톱스핀(전방으로의 회전)을 걸어 '잘 굴러가는' 공을 만든다.

숲속에서 굴려서 빼낸다.
숲과 페어웨이 사이에 깊은 러프가 있을 때는 NO

러닝 어프로치(running approach)
겨울의 그린 주변에서는 먼저 퍼터의 사용을 고려한다. 바로 앞에서부터라면 30야드도 OK. 잔디결이 반대방향일 때에는 NO

벙커의 오르막에서 공이 절반 정도 계란 프라이 모양일 때
공의 3~5cm 앞에 퍼터헤드를 박아넣으면 쉽게 탈출할 수 있다. 완전한 계란 프라이 모양일 때에는 NO.

턱이 없는 벙커인 경우
퍼터로 쓸어올리듯 치는 것이 가장 쉬운 방법

칩퍼트(퍼트식 러닝 어프로치)

칩퍼트(chip putt)는 로프트가 적은 3~4번 아이언을 사용하지만, 퍼팅기술로 공을 핀에 가깝게 붙이는 방법이다. 기술적으로 그다지 어렵지 않으므로 초보자라도 충분히 할 수 있다.

힐을 띄워 토(toe)부분에서 공을 친다.

칩퍼트가 효과적인 경우는 다음과 같다.

🏌 공이 그린에 매우 가깝고, 핀까지 거의 굴러갔을 때. 15야드 이내라면 홀인도 노릴 수 있다.

🏌 얕은 벙커에서 공의 라이가 좋을 때

🏌 3번~8번 아이언을 주로 사용한다.

🌸 클럽을 짧게 잡는다.
🌸 공 위치를 오른쪽에 붙인다.
🌸 공보다 양손의 위치가 왼쪽으로 나온다(핸드 퍼스트라고 한다).
🌸 체중은 왼발에 싣는다.
🌸 클럽페이스의 넥(neck) 가까운 부분을 약간 띄워서 자세를 취한다.

🌸 클럽페이스의 끝부분 가까이에서 공을 치면 저스트미트(just meet)하기 쉽고, 부드러운 터치가 된다.
🌸 공은 처음 1~2m를 낮게 날고, 다음에는 굴러간다.
🌸 퍼팅과 마찬가지 방법으로 스트로크한다.

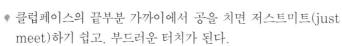

칩샷

1. 칩샷이란

피치 앤드 런(pitch and run)의 스윙은 기본스윙을 상상의 시계를 이용하여 스윙폭을 작게 한 것이지만, 칩샷(chip shot)은 공을 위에서 누르듯 하여 다운블로(down blow)로 치는 것이다. 칩샷을 하면 임팩트 후의 폴로스루는 작고, 피치 앤드 런보다 백스핀이 세게 걸린다.

※ 칩(chip)이란 '깎는다'는 뜻이다(공을 친 다음 지면을 깎는 데에서 유래).

칩샷이 효과적인 경우는 다음과 같다.

♟ 공이 잔디 위에 떠 있지 않을 때(잔디가 얇거나, 맨땅이거나, 디봇자국 등) 특히 효과적이다.

♟ 공과 홀 사이에 장애물이 없고, 홀까지 15~30야드의 거리일 때 30야드 이상의 거리에서는 피치 앤드 런이나 피치샷이 효과적이다.

♠ 왼쪽 어깨와 클럽헤드가 함께 움직인다.
♠ 체중은 미리 왼발에 싣는다.
♠ 다운블로에서 휙 하고 쳐서 임팩트 후의 폴로스루는 작다.
♠ 손목은 거의 콕하지 않는다.
♠ 볼위치는 오른쪽에 가깝게 한다.

백스윙이 7시 또는 8시라도 피니시는 5시에서 멈춘다.

2. 칩샷의 요령

임팩트 시에 왼쪽 손목이
꺾이는 것은 좋지 않다.

 ♟ 공을 오른발 앞에 두고 오픈스탠스로 선다. 공을 오른쪽에 가깝게 하면 클럽페이스가 오른쪽을 향하게 되므로 스탠스를 오픈으로 하여 클럽페이스가 목표와 스퀘어가 되어야 한다. 이 경우는 9종류의 구질에서 '⑧ 푸시 스트레이트'이다.

 ♟ 스탠스를 약간 좁혀 왼발에 체중을 실으며, 그립엔드는 왼쪽 허리뼈 안쪽을 가리킨다. 이때에는 공이 오른쪽에 가까우므로 자연스럽게 핸드 퍼스트 자세를 취하게 된다.

 ♟ 공을 오른쪽에 가깝게 하면 임팩트는 다운블로가 되어 임팩트 후 지면을 깎게 된다. 이 저항 때문에 백스윙이 7시이든 8시이든 피니시는 5시에서 멈춘다. 스윙 중에는 줄곧 왼손 손목은 플랫상태를 유지해야 한다.

 ♟ 백스윙에서의 리스트콕(wrist cock)은 가상의 시계를 이용한 스윙에서 보면 백스윙이 '7시'일 때는 거의 콕되지 않는다. 그러나 백스윙이 '8시'일 때에는 콕된다.

다운블로(down blow)로 치는 칩샷 연습법

🏌 공의 오른쪽에 둔 타월에 닿지 않고 다운스윙으로 공을 친다.

🏌 칩샷은 공을 오른쪽에 가깝게 하고 왼발에 체중을 실으므로 '공의 뒤쪽'은 신경쓰지 말고 공의 왼쪽(목표쪽)을 주시하면서 스트로크하면 성공률이 높아진다.

사용하는 클럽을 바꿔서 하는 칩샷 연습법

🏌 피칭웨지를 비롯하여 9번, 8번, 7번 아이언 등으로 클럽을 바꾸면 코스가 낮아지고 백스핀이 적어져 많이 굴러가게 되지만, 그대신 저스트미트 확률도 높아진다는 것을 알수 있다.

🏌 SW(샌드웨지)를 사용하는 경우도 있지만, 공이 잔디 위에 떠 있지 않은 경우에는 저스트미트는 굉장히 어려워진다.

🏌 10~20야드에서는 9번 아이언이나 피칭웨지, 20~30야드에서는 7~8번 아이언의 사용이 효과적이다.

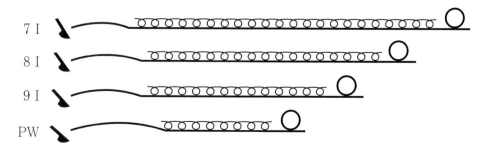

피치샷

1. 피치샷이란

피치샷(pitch shot)은 공을 굴려서 보낼 수 없는 벙커를 넘어가는 어프로치를 해야할 경우에 공에 강한 백스핀을 먹여 공을 높이 쳐올려 목표지점에 도달한 후 거의 구르지 않고 정지하도록 치는 샷이다

※ 피치샷(pitch shot)이란 '멀리 던진다'는 뜻으로 공을 높이 멀리 던진다는 느낌으로 치는 것이다.

공을 높이 올리기 위해, 또 백스핀을 세게 먹이기 위해 오픈 페이스로 치는 것과 리스트콕을 이용하는 것이 피치샷의 특징이다.

손목의 콕을 빨리 하여 급각도로 내려친다.

피치샷이 효과적인 경우는 다음과 같다.

🏌 공과 홀 사이에 장애물이 있어 공이 굴러갈 수 없을 때

🏌 홀까지의 거리가 30야드 이상일 때. 30야드 이내의 거리라면 백스핀이 충분히 걸리지 않으므로, 공이 잔디 위에 떠 있는 상태라면 로브샷이 효과적이다.

🏌 공의 라이가 나빠서(잔디 위에 공이 떠 있지 않은) 장애물을 넘어가지 않으면 안 될 때에는 벙커샷의 요령으로 공의 3~5cm 앞부터 흙까지 한꺼번에 쳐올리는 방법이 있으나, 이것은 굉장한 숙련도를 요한다.

🏌 피치샷을 할 때에는 PW, SW를 사용한다. 로프트가 60도 전후인 '어프로치 웨지'라고 하는 클럽도 있으나, 이 클럽으로 비거리를 컨트롤하려면 그 나름대로의 높은 기술력이 필요하다. PW나 SW도 오픈 페이스의 정도가 커질수록 비거리의 콘트롤이 어려워진다.

2. 피치샷의 요령

🏌 피치샷(pitch shot)을 하는 순서는 다음과 같다.

　🌸 공을 스탠스 중앙에 두고 스퀘어로 자세를 취한다.

　🌸 다음에는 손 안에서 클럽샤프트를 돌려 오픈 페이스로 한다.

　🌸 클럽페이스가 목표와 직각이 될 때까지 오픈 스탠스로 한다.

　🌸 스탠스의 선을 따라 스윙한다.

🏌 9종류의 구질에서 '⑥ 스트레이트 슬라이스'를 목표의 왼쪽을 향해 쳐내는 것이 된다. 공은 낙하 후 오른쪽으로 킥(kick)하여 핀(pin)에 가까이 가게 된다.

🏌 백스윙에서는 빨리 그리고 충분히 손목을 콕해야 한다. 임팩트 주변은 빠른 스피드로 휘두르고, 폴로스루에서는 빨리 손목을 접는다.

🏌 공에 백스핀이 세게 걸려 낙하 후에 적게 굴러간다. 스윙 스피드가 빠르면 공이 반대로 되돌아 올 수도 있다.

리콕(recock)도 빨리 한다.

3. 칩샷과 피치샷의 기술적인 차이

칩샷(chip shot)이나 피치샷(pitch shot) 모두 오픈 스탠스로 하지만, 볼라인에 차이가 있으므로 목표선에 대한 클럽헤드의 궤도가 달라진다. 9종류에서 칩샷은 '⑧ 푸시 스트레이트'이고, 피치샷은 '⑥ 스트레이트 슬라이스'이다.

〈볼라인의 차이〉
칩→오른발
앞 피치→중앙

칩샷
궤도는 목표선에 대해 인사이드 인

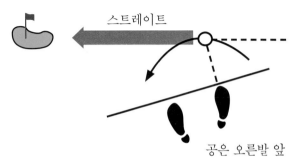

〈폴로스루〉
칩→낮게 멈추기
피치→휘두르기

피치샷
궤도는 목표선에 대해 아웃사이드 인

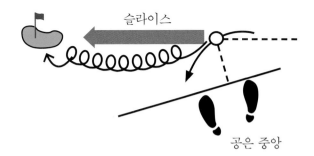

로브샷

1. 로브샷이란

강한 백스핀으로 공을 멈추게 하는 것이 아니라, 두둥실 떠다니는 봉우리모양으로 공을 쳐 올려 떨어진 후에도 굴러가지 않는 샷을 '로브샷(lob shot)'이라고 한다.

※ lob란 테니스나 크리켓의 용어로 봉우리처럼 느슨하고 높이 올려진 공을 의미한다.

로브샷이 효과적인 경우는 다음과 같다.

🏌 공까지의 거리가 짧은데다가 장애물까지 있어 공을 굴릴 수 없을 때(30야드 이하일 때)

🏌 공이 러프(rough) 안에 있어서 헤드스피드가 빠른 샷이면 플라이어(flier)현상이 일어날 것 같을 때(플라이어현상이란 공과 클럽페이스 사이에 풀이 끼거나 스핀이 걸리지 않아 공이 너무 많이 날아가는 현상을 말한다)

🏌 공이 잔디나 풀 위에 올라가 있어 샌드웨지의 두꺼운 솔(sole)이 통과할 만큼만 공간이 있을 때

🏌 공을 높이 띄우고 싶지만, 그린쪽에 트러블이 있을 때

　※ 주의 : 피치샷은 빠른 스피드로 휘두르므로, 미스샷한 경우에는 공이 멀리 날아가버린다.

🏌 공을 높이 띄우려면 클럽헤드의 무게를 이용해야 하는데, 이 경우 샌드웨지가 최적이다. 여름철 러프처럼 잔디나 풀의 저항이 강한 경우에는 샌드웨지 이외의 클럽으로는 성공률이 낮아진다. 겨울철에는 볼 아래쪽에 공간이 거의 없어지므로 로브샷의 성공률이 낮아진다.

2. 로브샷의 요령

🏌 공을 높이 띄우기 위해 공을 왼발 앞에 둔다.

🏌 피치샷은 강한 슬라이스 스핀이 걸리므로 낙하 후 공이 오른쪽으로 킥(kick)할 것을 계산에 넣어 목표지점의 왼쪽을 향해 스윙한다. 그러나 로브샷은 클럽페이스와 공 사이에 잔디나 풀이 끼기 때문에 슬라이스 스핀은 거의 걸리지 않으므로 목표지점을 향해 스윙한다. 이때 공은 높이 떠올라 춤추듯 떨어지고, 낙하 후에는 별로 런하지 않고 멈춘다.

🏌 스윙스피드가 빨라지지 않도록 그립을 꽉 잡는다. 오른손 손목을 손등쪽으로 될 수 있는 한 콕해두고, 스윙 중에는 그 콕 각도를 유지한다.

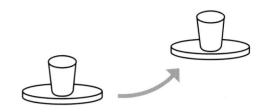

'쟁반 위의 컵을 넘어뜨리지 않고 좌상방으로 옮기는 것'과 비슷한 느낌이다.

앰팩트 후에도 아래팔을 되돌아오지 않게 하고 휘두르므로 피니시에는 클럽페이스가 자신의 얼굴을 향하는 'face to face'가 된다

🏌 스윙아크는 커서 풀스윙에 가까운 크기가 된다(30야드 이내의 샷에서도 '10시→2시' 스윙이다).

3. 피치샷과 로브샷의 기술적인 차이

🏌 피치샷이나 로브샷 모두 공을 높이 떠올려 적게 굴러가게 한다는 점에서는 같다.
🏌 그러나 피치샷이 빠른 헤드스피드에서 백스핀과 슬라이스스핀을 걸게 하는 데 비해, 로브샷은 여유로운 헤드스피드로 공을 위에서 춤추듯이 떨어뜨린다는 것이 다르다. 다시 말해서 가속시키면서 휘두르는 스윙(피치샷의 경우)과 같은 속도로 휘두르는 스윙(로브샷)의 차이라고 해도 무방하다.
🏌 피치샷은 손목의 콕을 쓰는 암스윙을 중심으로 하는 샷이고, 로브샷은 손목의 콕을 쓰지 않는 보디스윙을 중심으로 하는 샷이라고도 할 수 있다.

4. 로브샷의 응용

티샷이 페어웨이를 살짝 벗어났을 때, 라이트러프(light rough)라고 불리는 얕은 러프에서 아이언샷을 하면 플라이어현상에 의해 '너무 많이 나는 현상'이 일어나기 쉽다. 이러한 플라이어현상을 피하고 싶을 때에는 로브샷(lob shot)처럼 손목을 쓰지 않으면서 여유롭고 크게 휘두르는 샷이 좋다.

제3장

샌드샷

골프코스에는 그린이나 페어웨이의 공략을 쉽게 할 수 없게 한다는 전략적인 의미와, 볼이 심각한 트러블 지역으로 굴러가는 것을 막기 위해 벙커가 설치되어 있다. 이러한 벙커에서 하는 샷은 샌드샷(sand shot), 벙커샷(bunker shot) 등으로 불린다.

샌드샷(sand shot)은 먼저 탈출하는 것이 제일이고, 그다음이 목표지점에 얼마나 가까워지는가 하는 점이다. 이때 벙커의 깊이, 모래의 질, 경사, 공의 상태, 목표까지의 거리 등에 따라 사용하는 클럽이나 스윙방법 등이 달라진다. 샌드샷을 잘하게 되면 벙커를 두려워하지 않고 적극적으로 게임을 전개할 수 있게 된다.

샌드웨지의 기능과 샌드샷

1. 샌드웨지의 기능

샌드샷에서 이용되는 샌드웨지(sand wedge)의 로프트는 56~60도로 큰 편이며, 클럽헤드의 바닥에 '플랜지(flange)'라고 하는 부풀어오른 부분이 있다. 이 부풀어오른 부분의 반발력을 이용하여 클럽헤드를 모래 안에 때려넣어 모래와 함께 공을 빼내게 된다. 이 경우에는 익스플로전샷(explosion＝폭발)이라는 기술을 쓴다.

플랜지

Sand Wedge
(wedge＝쐐기)

2. 샌드샷의 기본은 익스플로전샷

그린 사이드의 벙커에서 공의 라이가 보통 상태일 때에는 익스플로전샷(explosion shot)이 기본적인 플레이다. 익스플로전샷은 공을 직접 치는 것이 아니라, 샌드웨지의 클럽헤드가 모래 안에서 바운스(bounce＝튀겨내다)되어 일어나는 모래의 폭발력에 의해 벙커에서 탈출할 수 있도록 하는 샷이다.

익스플로전샷의 요령

라이가 좋은 샌드샷에서는 모래의 마찰로 백스핀이 잘 먹히므로 열심히 연습하면 러프에서보다 공을 깃대에 붙이기가 훨씬 쉽다. 클럽페이스는 깃대를 향한 채 오픈스탠스로 하여 스탠스의 선을 따라 스윙하면, 공은 낙하 후 오른쪽으로 킥(kick)하여 깃대에 가까워져간다. 9종류의 구질에서 '⑥ 스트레이트 슬라이스'이다. 스윙방법은 피치샷과 같다.

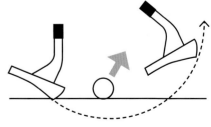

플랜지(flange)로 들어와 빼내진다.

스탠스를 안정시키기 위해, 또한 공 아래로 클럽 헤드를 통과시키기 위해 양발을 모래에 푹 빠지게 한다(digging in).

평지일 때보다 왼쪽으로 공 2개쯤 붙인다.

클럽헤드의 플레인이 스탠스와 평행이 되도록 스윙한다. 이때 공은 낙하 후 오른쪽으로 킥하여 목표(깃대)에 가까워진다.

백스윙의 리스트콕(wrist cock)을 빠르게 하여 공 앞 10cm 정도에서 클럽헤드의 플랜지를 때려넣어 폴로스루로 휘둘러 빼낸다.

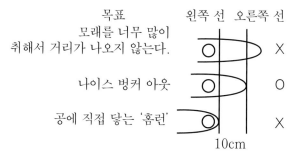

목표
모래를 너무 많이
취해서 거리가 나오지 않는다.

나이스 벙커 아웃

공에 직접 닿는 '홈런'

왼쪽 선 오른쪽 선

X

O

X

10cm

익스플로전샷의 연습법

🏌 모래 위에 10cm 간격의 세로선을 그린다. 오른쪽 선은 플랜지가
모래에 들어가는 선, 왼쪽 선은 공 위치의 선으로, 플랜지가 오른
쪽 선부터 빈틈없이 들어갔을 때에는 '나이스 벙커 아웃'이 됨을
확인시킨다.

🏌 리딩엣지(leading edge)를 3~5㎝ 앞에 박아 넣으려고 하기보다
플랜지를 10cm 앞에 박아 넣는 쪽이 더 안정적이다.

🏌 도너츠모양으로 오려낸 비닐의 중앙에 공을 두고, 비닐과 공을 한
꺼번에 빼낸다.

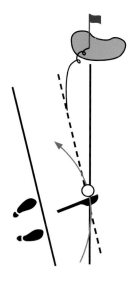

3. 샌드샷 시의 거리 콘트롤

한마디로 샌드샷이라고 해도 거리, 벙커의 깊이, 공의 라이상태, 깃대의 위치 등 상황은 여
러 가지이다. 이러한 것들을 모두 익스플로전샷으로 처리하는 것이 아니라 여러 가지 기술
을 구사하여 탈출을 꾀하고, 나아가 기술을 높여 공을 깃대 가까이 보낼 수 있도록 한다.

거리조절 방법

짧은 거리인 경우 (10야드 이내)	긴 거리인 경우 (10야드 이상)
① 스윙을 작게 한다. ② 리스트콕을 빨리 한다. ③ 모래를 두껍게 취한다. ④ 급각도로 박아 넣는다. ⑤ 오픈스탠스로 한다 　(아웃사이드 인 궤도). ⑥ 오픈페이스로 한다. ⑦ 아래팔이 돌아가지 않게 한다. ⑧ 샌드웨지를 쓴다.	① 스윙을 크게 한다. ② 리스트콕은 보통으로 한다. ③ 모래를 적게 긁어낸다. ④ 얕은 각도로 박아 넣는다. ⑤ 스퀘어스탠스로 한다 　(인사이드 인 궤도). ⑥ 스퀘어스탠스로 한다. ⑦ 아래팔이 돌아가게 한다 ⑧ PW, 9번 아이언, 　8번 아이언도 사용한다.

이러한 조합을 여러 가지 시도해보고
자신이 잘하는 방법을 만든다.

거리가 있는 벙커에서는 8번 아이언도 쓴다

- 익스플로전샷은 잔디 위에서 치는 샷보다 3배나 강한 스윙이 필요하므로 홀까지 20야드 이상의 거리가 되면 풀샷에 가까운 큰스윙이 되어 미스샷을 유발하기 쉽다.

- 이러한 경우에는 8번이나 9번 아이언, PW를 오픈 페이스로 하여 공의 5cm 정도 앞에 박 아넣고 휘둘러치면 좋은 결과를 가져올 수 있다.

거리가 짧은 벙커샷은 '작은 원을 그린다'

🏌 오픈 페이스+오픈 스탠스+얼리 콕(early cock)

🏌 거리가 짧은 벙커샷인 경우에는 클럽헤드가 작은 원을 그리듯 스윙한다.

🏌 백스윙에서 빨리 콕하고, 임팩트 후에도 팔꿈치와 손목을 빨리 접는다.

🏌 거리가 짧은 벙커샷에서는 '아래팔이 되돌아오게' 해서는 안 된다.

🏌 폴로스루에서 클럽페이스가 자신의 얼굴을 향하도록 휘둘러빼낸다.

거리가 긴 벙커샷은 '큰 원을 그린다'

🏌 스퀘어 페이스+스퀘어 스탠스+보통의 콕

🏌 거리가 긴 벙커샷인 경우에는 클럽헤드가 큰 원을 그리듯 스윙한다.

🏌 샌드웨지가 아닌 PW나 9번 혹은 8번 아이언을 사용하면 자연스럽게 큰 원이 그려진다.

🏌 거리가 긴 벙커샷에서는 '아래팔이 되돌아오게' 하고, 공이 낙하된 후의 런(run)도 이용
한다.

4. 얕은 벙커에서 탈출하기

칩샷으로 탈출

ﾠ얕은 벙커에서 공의 라이가 좋을 때
에는 칩샷을 쓸 수도 있다.

ﾠ클럽을 짧게 잡고 왼발에 체중을 신
고, 공의 왼쪽을 주시한다.

ﾠ벙커의 반대쪽에 트러블이 있을 때
에는 칩샷이 안전하다.

퍼터로 탈출

ﾠ벙커에 턱이 없고, 볼의 라이가 좋으며, 모래가
단단할 때에는 퍼터로도 탈출할 수 있다.

ﾠ공을 주워올리듯 스트로크하여 톱스핀을 걸어
잘 굴러가게 한다.

5. 페어웨이 벙커샷

드라이버샷의 낙하지점 부근의 페어웨이에 있는
벙커를 페어웨이벙커(fairway bunker)라고 한
다. 별로 깊이 디자인되어 있지 않은 것이 보통이
므로, 남은 거리에 따라서는 우드클럽을 쓰는 경
우도 종종 있다.

페어웨이 벙커샷을 하는 요령은 다음과 같다.

🏌 공을 칠 때 공 앞의 지면을 치지 않도록 오른발
안쪽을 확실히 고정시킨다.

🏌 공을 평소보다 하나만큼 오른쪽으로 치우치게
하고, 클럽은 약간 짧게 잡고, 팔을 중심으로 하
는 다운블로 느낌으로 스윙한다.

🏌 발판이 불안정하므로 풀샷은 피하고, 한 클럽 긴
클럽을 사용하여 쓰리쿼터샷(9시~3시)으로 스
윙한다.

6. 깊은 벙커에서 탈출하기

🏌 턱이 높은 벙커는 하이피니시(high finish)로 탈
출한다.

🏌 턱이 높고 깊은 벙커에서는 우선 공을 높이 올릴
자세를 취한다.

🏌 클럽페이스가 깃대를 향하게 한 채 오픈스탠스의
정도를 크게 취한다. 스탠스의 선에서 보면 오픈
페이스의 정도가 커질 것이다.

🏌 백스윙에서는 손목의 콕을 빠르게 하고, 다운스
윙에서는 콕을 유지한 채 클럽헤드의 힐 부분부

터 박아 넣어 그대로 턱 높이 이상까지 빼내서 휘두른다.

🏌 깊은 벙커는 깃대에 가깝게 붙이려고 하기보다는 우선 탈출을 최우선으로 고려하여 플레
이하는 것이 중요하다.

🏌 필요 이상의 긴장은 실패를 부르기 쉽다.

7. 부드러운 모래와 딱딱한 모래에서 탈출하기

부드러운 모래에서는 클럽을 크게 휘두른다

❚ 부드러운 모래에 클럽을 급각도로 박아 넣으면 클럽헤
드가 너무 많이 빠져서 거리가 안 나온다.

❚ 백스윙을 천천히 크게 하고, 피니시까지 크게 휘둘러
빼낸다.

딱딱한 모래에서는 피칭웨지를 사용한다

❚ 비가 오고 난 후 모래가 딱딱해진 경우에는 샌드웨지의
두꺼운 플랜지가 모래를 튀게 하여 톱하기 쉬워진다.

❚ 이럴 때에는 샌드웨지에 피칭웨지를 함께 사용한다.

부드러운 모래에서는 천천히 크게
휘두른다.

8. '계란프라이(fried egg)모양'에서 탈출하기

그림처럼 공이 모래 가운데 묻혀 버려 그 모양
이 마치 '계란프라이'와 닮았다고 해서 통칭
'계란프라이모양'이라고 한다. 영어로는 베리
드라이(buried lie, 매장된 라이), 크레이터
라이(crater lie, 분화구와 같은 라이) 등으로
부른다.

'흰자위'째 도려낸다.

'계란프라이모양'에서는 리딩엣지부터 모래에 박아 넣는다

'계란프라이모양'일 때에는 클럽헤드의 플랜지부터가 아니라 리딩엣지부터 모래에 박아넣
는다.

❚ 스퀘어스탠스에서 공을 오른쪽으로 붙이고, 왼발에 체중을 실어 핸드퍼스트로 자세를 취
한 다음 백스윙으로 재빨리 리스트콕하여 업라이트로 휘둘러 올린다.

- 다운스윙은 클럽헤드를 위에서 예각적으로 박아넣어 헤드는 빼내지 말고 박아 넣은 채로 모래의 폭발력으로 공을 탈출시킨다.
- 스윙아크의 대소가 아닌 '강약'으로 이루어지므로 거리 콘트롤도 스윙의 '강약'으로 조절한다.
- 공에 백스핀이 걸리기 어려워 많이 굴러가게 되는데, 이런 상황을 계산에 넣고 강약을 정한다.

'계란프라이모양'을 하고 있는 공을 빼내는 샷을 팝샷(pop shot)이라고도 한다.

팔힘이 약한 사람은 9번 아이언이나 PW를 쓴다

- 샌드웨지를 깊게 때려 넣기 위해서는 상당한 팔힘을 필요로 한다.
- 9번 아이언 혹은 피칭웨지를 쓰면 팔힘이 없어도 클럽헤드가 모래 속에 들어가기 쉬워진다.
- 폭발력이 작아지는 만큼 스윙아크를 크게 해서 계란프라이에 비유하면 '흰자위'째로 도려내서 내던지듯이 스윙한다.

'흰자위'째로 도려낸다

얕은 벙커에서 깃대까지 거리가 있을 때에는 클로즈드 페이스로 퍼낸다

- 클로즈드스탠스에서 클로즈드 페이스로 자세를 갖추고 클럽헤드로 퍼내듯 샷을 하면 별로 세게 치지 않아도 쉽게 탈출할 수 있다.
- 공은 높이 날아가지 않고, 많이 굴러가게 된다.
- 깃대까지의 거리가 길 때 효과적인 방법이다.

턱 바로 밑에 있는 계란프라이는 직립자세에서 클럽헤드를 박아 넣기만 한다

- 턱 바로 밑에 공이 빠져버리면 점점 어려운 샷이 된다. 이때에는 억지로 샷을 하기보다 '언플레이어블(unplayable)'로 하는 것이 더 나은 경우도 종종 있다.
- 경사에 맞도록 몸을 기울이면 단지 공이 나올 뿐 거리는 안 나온다.
- 왼발에 체중을 싣고, 발판을 꽉 밟고 서서 직립에 가까운 자세를 취한다.
- 샌드웨지보다 피칭웨지나 9번 아이언이 거리를 낼 수 있다.
- 다운스윙은 클럽헤드를 위에서부터가 아니라, 옆에서부터 툭 하고 박아넣는 것으로 끝낸다.
- 클럽페이스를 오픈으로 할 것인지 말 것인지는 턱의 높이, 경사의 정도, 공의 라이 등에 따라 조정한다.

제 4 장

경사면에서의 샷

골프코스는 평탄한 땅만 있는 것이 아니므로 경사면에서 샷을 하는 경우도 종종 있다. 경사진 라이(uneven lies)에서는 몸의 밸런스를 잡기 어렵고, 스윙도 평탄한 장소에서 하는 기본적인 스윙이 아니기 때문에 응용적인 스윙도 필요하게 된다.

경사면의 종류

경사면은 다음과 같이 업힐(up-hill), 다운힐(down-hill), 사이드힐업(sidehill-up), 사이드힐다운(sidehill-down)의 4 종류가 있다.

① 업힐라이(up-hill lie)
볼이 그린을 향해 오르막 언덕의 경사면에 위치하고 있는 상태(왼쪽이 올라간 곳).

② 다운힐라이(down-hill lie)
볼이 그린을 향해 내리막 경사면에 위치하고 있는 상태(왼쪽이 내려간 곳).

이때의 타구는 오른손잡이 경우 왼발이 오른발보다 높아지므로 다운스윙에서 클럽헤드의 궤도가 인사이드 아웃이 되기 쉬우며, 훅이 되기 쉽다.

이때의 타구는 오른손잡이 경우 왼발이 오른발보다 낮아지므로 어퍼스윙에서 클럽헤드의 궤도가 아웃사이드 인이 되기 쉬우며, 슬라이스가 되기 쉽다.

③ 사이드힐업라이(sidehill-up lie)
발꿈치가 발끝보다 낮은 곳(발끝이 올라간 곳)에 공이 위치하고 있는 상태

④ 사이드힐다운라이(sidehill-down lie)
발끝이 발꿈치보다 낮은 곳(발끝이 내려간 곳)에 위치하고 있는 상태(앞이 내려간 곳)

경사면 비교와 샷

1. 업힐라이와 다운힐라이의 공통점과 대칭점

공통점

⚫ 몸의 세로축 기울이기→경사면에 맞춰 몸의 세로축을 기울여 선다.

⚫ 체중 싣기→세로축을 기울여야 하므로 낮은 쪽의 발(산비탈에 옆으로 섰을 때 낮은 쪽에 있는 발)에 체중을 싣는다. 낮은 쪽 발의 엄지발가락에 체중을 실어 밸런스를 잡는다. 스윙 중에는 중심이동을 억제하고, 암스윙 중심으로 스윙한다.

⚫ 공의 위치→중심이동을 억제하므로, 경사도가 커짐에 따라 공의 위치는 스탠스의 중앙에 가깝게 된다(오른쪽으로 치우치게 된다).

⚫ 스윙의 크기→불안정한 상태이므로 풀스윙은 하지 않고, 3/4 스윙(9시~3시) 이하로 한다.

⚫ 공의 비행→정확하게 스윙하면 모두 스트레이트볼이 된다.

> ※ 업힐라이는 훅이 되기 쉽고, 다운힐라이는 슬라이스로 되기 쉽다는 이유는 위와 같은 잘못이 있기 때문이다.

대칭점

⚫ 사용하는 클럽

　● 쳐서 올리기→로프트가 작은 것으로 바꾼다.

　● 쳐서 내리기→로프트가 큰 것으로 바꾼다.

※경사면에서는 클럽페이스의 방향이 바뀌므로 공이 떠오르는 높이나 비거리가 모두 바뀐다.

업힐라이	평탄한 곳	다운힐라이
임팩트 로프트가 커져서 공이 높이 떠올라 거리가 안 나온다.	클럽 고유의 로프트에 따른 높이와 비거리를 비행하게 된다.	임팩트 로프트가 작아져서 공이 낮게 떠올라 거리가 나온다.

2. 업힐라이와 다운힐라이에서의 샷

업힐라이에서 기본적인 샷(쳐서 올리기)

🏌 경사도에 맞춰 몸의 세로축을 낮은 쪽(오른쪽)으로 기울인다.

🏌 기울인 정도가 부족하면 클럽헤드가 휘둘러지지 않고, 헤드가 지면에 처박혀버린다. 이 때 휘두르고자 하면 인사이드 아웃 궤도가 되어 훅이 되어버린다.

🏌 올바르게 기울여지면 스트레이트볼이 된다.

체중은 낮은 쪽의 발(오른발) 안쪽에 싣는다. 오른쪽 무릎을 높은 쪽으로 내리누르듯 한다.

평소보다 로프트가 적은 클럽을 사용한다. 경사도가 커짐에 따라 공의 위치를 오른쪽에 가깝게 한다.

'9시→3시' 이하의 스윙을 한다.

업힐라이에서의 응용 샷

이때에는 높은 쪽 발(왼발)에 체중을 싣고, 훅 볼을 쳐서 거리를 내야 한다. 업힐라이가 심각한 급경사가 아니고 될 수 있는 한 비거리를 얻고 싶으면 3번 우드를 써서 다음과 같이 샷하면 훅볼로 거리를 낼 수 있다.

❦ 직립에 가까운 자세로 높은 쪽 발(왼발)에 체중을 싣는다.

❦ 공의 위치는 왼쪽 발꿈치 앞에 둔다.

❦ 훅의 정도에 따라 목표의 오른쪽을 향하는 스탠스를 취한다.

❦ 인사이드 아웃 궤도에서 어퍼블로로 공을 날리면 훅볼이 되어 큰 비거리가 나지만, 그린 위에서 멈추지는 않는다. 따라서 그린 온(green on)을 노리는 샷인 경우에는 4번 우드 이하에 의한 기본적인 샷이 미스샷이 적고 좋은 결과를 얻을 수 있다.

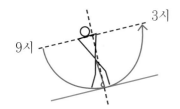

세로축을 별로 기울이지 않고 직립에 가까운 자세로 하고, 높은 쪽 발(왼발)에 체중을 싣는다. 공의 위치는 왼쪽 발꿈치 앞에 둔다.

다운힐라이에서의 기본적인 샷(쳐서 내리기)

- 경사도에 맞춰 몸의 세로축을 낮은 쪽(왼쪽)으로 기울인다.
- 기울이는 정도가 부족하면 임팩트 전에 클럽헤드가 지면에 닿아버린다. 그것을 원하지 않는다면 아웃사이드 인 궤도가 되어 슬라이스가 되어버린다.
- 올바르게 기울여지면 스트레이트볼이 된다.

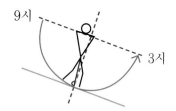

체중은 낮은 쪽의 발(왼발) 안쪽에 싣는다. 왼쪽 무릎을 높은 쪽으로 내리누르듯이 한다.

평소보다 로프트가 큰 클럽을 사용한다. 경사도가 커짐에 따라 공의 위치는 오른쪽에 가깝게 한다.

'9시→3시' 이하의 스윙을 한다.

다운힐라이에서 응용샷

이때에는 높은 쪽의 발(왼발)에 체중을 싣고 슬라이스볼을 쳐서 멈추게 해야 한다. 다운힐라이에서 될 수 있는 한 높이 떠서 멈추는 샷을 원한다면 다음과 같은 샷을 하여 그린에 소프트 랜딩(soft landing, 연착륙)시킬 수도 있다.

♟ 직립에 가까운 자세로 높은 쪽의 발(오른발)에 체중을 싣는다.

♟ 공의 위치는 오른발 앞에 둔다.

♟ 목표의 왼쪽을 향하는 스탠스를 취한다.

♟ 아웃사이드 인 궤도 + 다운 블로

♟ 오픈페이스로 하여 토(toe)부분에서 미트시켜 아래팔이 되돌아가게 하지 않는다. 날아가는 공은 부드럽게 슬라이스되어 그린에 떨어지고, 별로 구르지 않는다.

페이스의 토(toe)로 친다.

아웃사이드 인

오픈 페이스

3. 사이드힐업라이와 사이드힐다운라이의 공통점과 대칭점

공통점

🏌 공의 위치→경사도가 커짐에 따라 보통보다 스탠스의 중앙에 가까워진다.

　※ 중심이동을 억제하기 때문으로 4종류의 경사면에서 공통이다.

🏌 스윙의 크기→3/4 스윙(9~3시) 이하로 한다.

　※ 스탠스가 불안정하므로 컴팩트한 스윙으로 저스트미트율을 높인다. 4종류의 경사면에서 공통이다.

🏌 클럽헤드의 플레인→스윙의 중심(목뼈에 있는 점)을 포함한 플레인에서 스윙한다.

　※ 사이드힐업라이에서는 세로 휘두르기가 되고, 사이드힐다운라이에서는 가로 휘두르기가 된다.

앞이 올라간 곳(sidehill-up)

대칭점

🏌 어드레스의 자세

　🌷 사이드힐업라이→무릎을 펴서 막대모양으로 우뚝 선 자세이다.

　🌷 사이드힐다운라이→무릎을 구부려 앞으로 웅크린 자세이다.

앞이 내려간 곳(sidehill-down)

🏌 체중을 싣는 법
　🏌 사이드힐업라이→양발끝에 싣는다.
　🏌 사이드힐다운라이→양발꿈치에 싣는다.
🏌 클럽을 잡는 법
　🏌 사이드힐업라이→클럽을 짧게 잡는다.
　🏌 사이드힐다운라이→클럽을 길게 잡는다.
🏌 비행하는 공의 휨
　🏌 사이드힐업라이→훅볼이 된다.
　🏌 사이드힐다운라이→슬라이스볼이 된다.
※ 체중을 실을 때에는 균형 있게 안정된 자세를 만드는 것이 중요하다. '발 안쪽'의 어디에 무게중심이 실리는지 생각해보면 항상 '높은 쪽'에 무게중심이 실려 있다는 점은 업힐, 다운힐을 포함한 4종류의 경사면에서 공통점이다.

4. 사이드힐업라이와 사이드힐다운라이에서의 샷

사이드힐업라이(sidehill-up lie)에서의 기본적인 샷

🏌 경사도에 맞춰 몸을 일으켜 막대처럼 우뚝 서는 느낌으로 양발끝에 체중을 싣고 균형을 잡고 선다.
🏌 공의 위치는 스탠스의 중앙에 가깝게 하고, 클럽을 짧게 잡는다.
🏌 백스윙으로 클럽헤드를 임팩트까지 당겨 가로 휘두르기의 느낌으로 스윙한다.
🏌 훅볼이 되기 쉬우므로 목표선을 실제목표보다 오른쪽으로 설정한다.
🏌 훅이 되는 정도는 짧은 클럽일수록 크므로, 로프트가 작은 클럽으로 작은 스윙을 하여야 적게 휘고 끝난다.

경사면에서도 스윙의 중심을 포함한 클럽헤드 풀
레인 위에 백스윙의 톱 위치를 올바르게 잡는다.

훅이 되므로 목표의 오른쪽을
향해 셋업하고, 발끝에 무게를
실어 막대처럼 우뚝선 자세를
취하고 클럽을 짧게 잡는다.

가로로 휘두르는 느낌으로
인사이드로 당긴다.

'9시~3시' 이하의 스윙을 한다.

사이드힐업라이에서의 응용 샷

사이드힐업라이에서 기본적인 샷을 하면 공은 낮은 훅이 되어 그린 위에서 멈추기 어려워

진다. 벙커나 수목을 넘어야할 경우에는 다음과 같은 응용 샷을 칠 수 있다(cut shot).

🏌 클럽페이스를 오픈으로 한다.→임팩트 로프트가 커져서 높은 공을 쳐올리게 된다.

클럽페이스는
위를 향한다

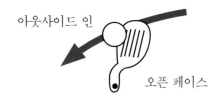

아웃사이드 인

오픈 페이스

🏌 백스윙을 아웃사이드로 높이 끌어올려 아웃사이드 인 궤도＋다운블로로 공을 친다.

🏌 임팩트 후 클럽페이스가 되돌아오지 않도록 왼쪽 팔꿈치를 뒤로 당겨 폴로스루 한다.

🏌 공은 높고 부드럽게 날아 그린에 소프트랜딩(soft landing)한다.

사이드힐다운라이(sidehill-down lie)에서의 기본적인 샷

🏌 경사도에 맞춰 몸을 앞으로 굽힌다. 이때 무릎을 깊게 굽히고, 양쪽 발꿈치에 체중을 실어 균형을 잡고 선다.

🏌 공의 위치는 스탠스 중앙에 가깝게 하고, 클럽을 길게 잡는다.

🏌 백스윙으로 클럽헤드를 공의 비행라인 후방으로 당겨 세로로 휘두르는 느낌으로 스윙한다.

🏌 날아가는 공은 슬라이스하므로, 목표선을 실제목표보다 왼쪽으로 설정한다.

🏌 클럽이 짧을수록 클럽헤드의 토(toe)부분이 지면에서 떨어진 저스트미트가 어려워지므로, 로프트가 작은 클럽으로 작은 스윙을 하는 쪽이 쉽다.

공은 슬라이스하므로 목표의 왼쪽을 향해 셋업한다. 발꿈치에 체중을 싣고, 앞으로 웅크린 자세에서 클럽을 길게 잡는다.

세로로 휘두르는 느낌으로 공의 비행라인 후방으로 당긴다.

경사면에서도 스윙의 중심을 포함하는 클럽헤드 플레인 위에 백스윙의 톱이 오도록 위치를 올바르게 취한다.

사이드힐다운라이에서의 응용 샷

사이드힐다운라이에서는 다음과 같은 이유로 소켓(socket, shank라고도 한다)이라고 하는 미스샷이 나오기 쉽다.

🏌 클럽헤드의 토(toe) 부분이 지면에서 떨어진다.

🏌 다운스윙에서 몸이 앞으로 넘어질 듯 기울어지기 쉽다.

🏌 임팩트에서 왼쪽 하반신이 방해하여 그립위치가 앞으로 나오기 쉽다.이것을 방지하려면 다음과 같은 응용 샷이 필요하다.

🏌 클럽페이스를 클로즈드로 하여 토(toe)부분이 뜨지 않도록 한다.

🏌 왼발이 방해가 되지 않게 뒤로 당긴 오픈스탠스를 취한다.

🏌 백스윙은 아웃사이드로 경사에 맞춰 낮게 당기고, 아웃사이드 인 궤도+어퍼블로로 공을 친다. 임팩트 후 클럽페이스가 되돌아오지 않도록 하면서 왼쪽 팔꿈치를 뒤로 끌어올린다.

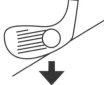

스퀘어페이스에서는 토부분이 지면에서 떨어진다. 공을 넥에 가까운 부분에서 치면 소켓이 되기 쉽다.

클로즈드 페이스로 하면 공은 페이스 중앙에서 칠 수 있지만, 공이 낮게 날아가거나 왼쪽으로 날아가므로 오른쪽으로 셋업한다.

제 5장

트러블샷

골프는 자연 속에서 행하는 게임이므로 때로는 예기치 못한 트러블 (trouble)에 부딪칠 수 있다. 공이 나무에 걸렸거나, 벙커의 턱에 처박히는 등 플레이가 불가능한 경우에는 '언플레이어블(unplayable)'을 선언하고 룰에 따라 구제를 받을 수 있다.
그러나 약간의 트러블이라면 그것을 '트러블샷(trouble shot)의 여러 가지' 기술로 해결할 필요가 있다.

여러 가지 트러블샷

1. 디봇, 맨땅 또는 강한 맞바람에는 펀치샷

공이 잔디 위에 떠 있지 않고 디봇(divot)이나 맨땅에 있거나, 강한 맞바람이 불 때에는 공을 높이 띄우려고 해서는 안 된다. 이때에는 펀치샷(punch shot)이 효과적이다.

어드레스

🏌 공의 위치를 오른쪽으로 약간 치우치게 한다.

🏌 왼쪽 그립을 꽉 쥔다.

🏌 평소보다 왼발에 체중을 많이 싣는다.

스윙방법

🏌 중심이동을 억제하여(왼발에 체중을 실은 채) 컴팩트한 백스윙을 한다.

🏌 다운블로로로 공을 쳐서 폴로스루를 크게 하지 말고, 낮은 피니시로 마무리한다.

핸드 퍼스트로 자세를 취하고, 위에서부터 박아 넣는다.

맨땅(bare ground)

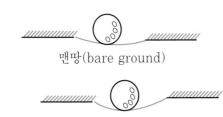

디봇(divot)에서의 궤적

다운블로로 궤도에서 공을 '휙'하고 쳐서 클럽헤드를 임팩트 직후에 멈춘다.

2. 한 손 리커버리샷

공이 나무에 접근해서 멈춰서 평상시의 스윙을 할 수 없을 때에는 언플레이어블로 처리할 것이 아니라 기술로 이것을 리커버리(되돌리기)해야 한다. 공을 나무 근처에서 빼내기만 해도 될 때에는 한 손 리커버리샷을 한다.

어드레스
- 공을 쳐내고 싶은 방향으로 등이 향하게 하고 클럽을 오른손만으로 짧게 잡는다.
- 클럽페이스는 목표를 향한다.

스윙방법
- 클럽을 몸의 오른쪽으로 하고 앞에서 뒤로 할퀴듯 휘두른다.

비거리
- 비거리는 고작 30야드 정도이다. 그 이상의 비거리를 욕심내서는 안 된다.

3. 헤비러프에서는 탈출부터

공이 헤비러프(heavy rough)에 들어갔을 때에는 상황판단을 정확하게 하여 '탈출'에 목적을 두고 클럽을 선택한다. 헤비러프 안에 공이 빠져 있을 때에는 절대로 무리해서는 안 되며, 우선 탈출을 꾀해야 한다.

높이 뜨는 공을 칠 수 있는 로프트가 큰 클럽, 풀의 저항에 영향을 적게 받는 무거운 클럽헤드는 우선 샌드웨지이고 그다음으로 PW→9번 아이언→8번 아이언……으로 가능성을 판단한다. 헤비러프로에서 탈출하기 위한 샷은 미스샷이 될 가능성이 높기 때문에 탈출하여 착지할 지점의 주위에 OB, 해저드, 나무, 헤비러프, 그밖의 트러블 등이 없는 안전지대를 고른다. 무리하면 연속으로 트러블을 만나게 되어 '쿼드러플 보기(quadruple bogey) 이상'을 저지르는 원인이 될 수도 있다.

4. 라이트러프에서는 로브샷

페어웨이 바깥쪽인 라이트러프(light rough : 가벼운 러프)에 공이 있을 때에는 '플라이어 (flier)현상'에 주의해야 한다('플라이어현상'이란 임팩트에서 공과 클럽페이스 사이에 잔디가 껴서 백 스윙이 걸리기 어려워지면서 생긴 '너무 많이 날아가는 현상'). '플라이어현상'은 공이 착지하고 나서 많이 굴러가는 것이 특징이므로 피치샷처럼 백스핀으로 공을 멈추는 것은 불가능하다.

라이트러프에서는 로브샷(lob shot)이 좋다. 이때 ① 그립은 꽉 쥐고, ② 여유로운 슬로모션으로, ③ 큰 스윙을 하여, ④ 공의 밑바닥으로 클럽의 솔을 통과하도록 하면 공은 높이 춤추며 올라가서 천천히 낙하하므로 별로 많이 굴러가지 않는다.

의 기본은

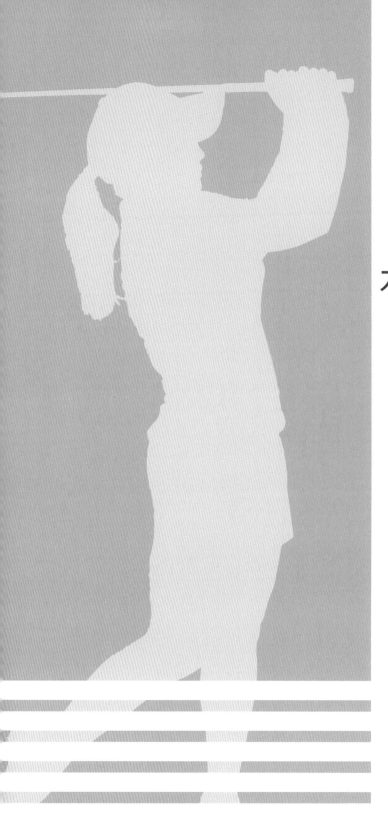

PART 4

게임을 통한
골프 지도

제1장

게임을 통한 골프지도의 개요

골프 지도의 특징

골프는 독특한 전술적 과제를 갖춘 타겟형 게임이다. 게임을 통한 골프 지도 시에 하는 약 3분의 1인 샷은 복잡한 기술을 가진 풀스윙이 필요하다. 골퍼가 드라이버(driver)나 페어웨이우드(fairway wood)를 사용할 때에는 풀스윙이 더 복잡해진다. 우선 퍼터에서 시작하여 숏아이언(short iron), 미들아이언(middle iron), 롱아이언(long iron)으로 서서히 진전해간다. 상급 플레이어가 동반할 때에만 드라이버나 페어웨이우드를 사용하게 한다.

장기적으로 보면 이는 초보자로 하여금 성공적으로 기능을 발휘할 수 있게 하고, 게임의 즐거움을 보장해줄 것이다. 실제로 플레이어가 티샷(tee shot)을 친 후에 필요한 것은 미들아이언의 풀스윙이 대부분이다. 자신감을 붙이고, 기능을 익히기 쉬우며, 게임의 기술을 이해하기 쉬운 것은 파3의 숏코스(short course)이다. 따라서 초보자는 숏코스에서부터 플레이하는 것이 효과적이다.

골프 지도 시의 안전대책

게임을 통한 골프 지도 시에는 안전대책을 세워두어야 한다. 안전을 위해 충분한 거리를 확보하면서 지도나 관찰에 지장이 없는 거리에 플레이어들을 배치하기란 쉬운 일이 아니다. 다음에 게임을 통한 골프지도 시의 안전대책을 요약한다.

- 플레이어들을 쉽게 관리 · 관찰하기 위해 중앙에 퍼팅컵(putting cup)을 두고, 자동차바퀴의 스포크(spoke)처럼 퍼팅판이나 가늘고 긴 카펫을 설치한다(그림 4-1).
- 끝에서 약 3.5m 떨어진 곳에 인조잔디 혹은 정사각형의 카펫을 두는 것을 제외하면, 칩샷(chip shot) 연습 시에도 같은 설정을 할 수 있다.

❦ 반드시 파트너와 함께하게 한다. 파트너는 동료에게 유익한 피드백을 줄 뿐만 아니라 안전 위반을 처음으로 발견하는 관찰자 역할도 한다.

❦ "움직이지 마세요", "포어(fore)", "노(no)"와 같은 안전 확인에 관한 신호를 정하는 것도 좋다. 안전 확인을 위한 신호가 있으면 전원 움직임을 멈추고, 활동을 재개하려면 지도자의 지시가 있어야 한다는 약속을 한다. 플레이어들이 항상 안전을 의식하도록 하기 위하여 정기적으로 안전 확인 신호를 알려주는 것이 좋다.

❦ 하나의 게임이 끝날 때마다 반드시 클럽헤드를 점검한다. 스윙을 많이 하여 바닥이나 그라운드를 여러 번 강타하면 클럽헤드가 벌어질 수도 있기 때문이다.

❦ 그립도 정기적으로 체크해야 한다. 여러 번 사용하면 그립이 미끄러지기 쉽기 때문이다.

그림 4-1. 퍼팅컵 배치방법 : 플레이어들을 쉽게 관찰하기 위해 원의 중심에서 밖을 향해 방사선 모양으로 퍼팅판을 배치한다.

골프에서 전술적 과제를 갖는 코스

플레이어들에게 골프를 전술적으로 학습시키려면 그들 스스로 각 샷을 할 때의 조건을 파악하도록 해야 한다.

- 컵까지의 거리가 얼마인지, 볼과 컵 사이에 있는 장애물 또는 공의 라이는 어떻게 되어 있는지를 알아야 한다(이러한 것들은 샷을 할 때 가장 중요한 사항이 된다).
- 치기 전에 의사결정을 한다. 이는 샷만큼이나 중요하다.
- 게임 중에 어떤 샷이 좋을지를 이해시키기 위해 시청각교구를 이용한다. 예를 들면 골프 코스가 어떻게 되어 있는지를 설명하기 위한 포스터, 색분필로 그려진 그림, OHP, CD 등의 활용이다.
- 골프 코스에 현실감을 주기 위해 벙커, 해저드, 나무 등을 반드시 기입한다. 이때 잡지나 스코어카드, 골프리조트의 팸플릿 등에 있는 골프 코스의 그림을 복사해서 사용해도 된다.

이러한 것들을 게임을 할 때 적용하면 플레이어들은 마치 실제 골프 코스에서 플레이하고 있는 것처럼 느낄 수 있다.

제2장

초·중급단계

초·중급단계에서는 퍼팅(putting)에서 시작하여 미들아이언으로 하는 풀샷(pull shot)까지이다. 여기에서의 중심과제는 클럽의 선택, 어드레스, 샷 전의 루틴, 중간 타겟의 선택, 스탠스, 스윙이다. 게임이나 연습을 여러 번 하면 플레이어들은 자세, 칠 때의 클럽페이스의 각도, 공을 놓는 위치관계 등을 이해하게 된다.

스윙과 공이 날아가는 특징적인 모습을 관찰하려면 날카로운 관찰력이 필요하므로, 이것을 습득하는 데 필요한 기술을 지도한다. 따라서 서는 장소, 일시적으로 중요한 요소를 하나로 한정해보기, 많은 관찰횟수를 가지기 등의 관찰방법을 게임 시작 전에 지도해야 한다. 마커로 골프공에 줄무늬를 그려 넣으면 스핀의 방향부터 스윙에 관한 피드백을 효과적으로 제공할 것이다. 유능한 관찰자나 평가자가 되면 플레이어들은 스스로의 기능이나 게임수행능력을 개선해나갈 수 있을 것이다.

지도내용

❦ 파트너를 선택하여 둘이서 최소한 하나의 클럽백을 든다.

❦ 플레이할 홀을 선택한다(홀 그림 참조).

❦ 위플볼(wiffle ball, 구멍이 난 플라스틱볼)을 사용하여 러버티(rubber tee)에서 티샷으로 시작한다. 다른 샷은 잔디에서 친다.

❦ 파트너는 볼이 어느 정도의 거리로, 어떤 방향으로 날아갔는지 가르쳐줄 책임이 있다. 파트너가 다음 샷은 어디에서부터 플레이할지를 알려준다.

❦ 샷마다 적절한 클럽을 선택해야 한다. 컵으로부터의 거리와 그 방향에 있는 장애물에 따라 클럽을 선택한다(예를 들어 벙커를 넘겨야할 때에는 충분한 높이가 필요하다).

❦ 그린에 도달하면 그린용 정규 공과 퍼터를 선택하고, 퍼트로 홀아웃한다.

❦ 플레이어별로 티에서부터 그린까지의 스트로크 수와 퍼트 수를 기록하고, 이 둘을 더하여 그 홀의 점수로 한다.

❦ 클럽별로 허용되는 최대비거리는 다음과 같다.

  ♣ 드라이버······························230야드
  ♣ 3번 우드······························210야드
  ♣ 3번 아이언····························190야드
  ♣ 4번 아이언····························180야드
  ♣ 5번 아이언····························170야드
  ♣ 6번 아이언····························160야드
  ♣ 7번 아이언····························150야드
  ♣ 8번 아이언····························140야드
  ♣ 9번 아이언····························130야드
  ♣ 웨지··································120야드

표 4-1. 골프의 전술적 과제

전술적 과제	전술의 난이도	
	수준 I	수준 II
〈타수를 적게 한다〉 적절한 거리로 공을 보낸다.	클럽의 선택, 공을 놓는 법, 어드레스 루틴, 스윙의 크기 등을 정한다.	풀스윙 - 롱아이언 - 우드 페어웨이우드
의도한 방향으로 공을 보낸다	미들아이언으로 풀스윙 중간타겟을 선택한다. 그린을 읽는다, 어드레스 스윙의 궤도	
해저드에서 공을 친다.	공을 놓는 법, 라이를 읽는다, 깊고 촘촘한 풀	벙커샷 클럽의 선택, 스탠스
업힐, 다운힐, 사이드힐 및 고르지 못한 라이스핀을 걸고 공을 친다.		공을 놓는 법, 스윙의 궤도 백스핀 좌에서 우로, 우에서 좌로

제1일

♟ **게임** : 컵에서 3피트 떨어진 곳과 10피트 떨어진 곳에서 각각 10구씩 퍼팅을 하여 점수를 매긴다.

> ▼ **전술적 과제** : 적절한 거리로 친다.
> ▼ **중심적 과제** : 퍼터의 선택
> ▼ **목표** : 될 수 있는 한 적은 타수로 컵에 공을 넣는다.

♟ **구체적 목표** : 될 수 있는 한 적은 스트로크 수로 컵에 공을 넣는다.

♟ **조건** : 각자 과제 달성에 가장 적합한 클럽을 고른다. 안전 확보를 위해 클럽헤드를 발목보다 높이 올리지 않도록 규칙을 정한다. 표면이 매끄럽고 평탄한 그린 위에 있는 컵에서 3피트 떨어진 곳과 10피트 떨어진 곳에 공을 놓는다. 그림·포스터·OHP·CD 등을 이용하여 홀이 있는 그린, 공과 컵의 위치관계 등을 알려준다(그림 4-1 참조).

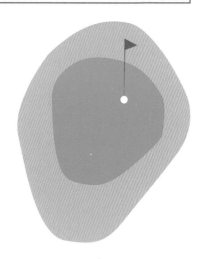

그림 4-1

게임에 관한 질의·응답

플레이어 게임의 목표는 무엇입니까?

지도자 될 수 있는 한 적은 타수로 컵에 공을 넣는 것입니다.

플레이어 이 목표가 가장 잘 이루어지려면 스탠스, 그립, 자세 등을 어떻게 해야 합니까?

지도자 균형 잡힌 스퀘어 스탠스(square stance)에서 편하게 그립을 쥐고, 공 바로 위에 이마와 코가 오도록 자세를 취합니다.

플레이어   이 목표를 달성하려면 어떻게 클럽을 휘둘러야 합니까?

지도자   클럽의 블레이드(blade ; 클럽의 페이스와 솔 정점의 칼날 모양으로 된 부
          분)를 공을 향해 수직으로 하여 스무스하게 휘두릅니다.

플레이어   3피트와 10피트의 퍼팅 스윙은 무엇이 다릅니까?

지도자   3피트의 퍼팅 때에는 10피트의 퍼팅 때보다 짧게 휘둘러야 합니다.

플레이어   3피트의 퍼팅 스윙 폭을 알아야할 필요가 있습니까?

지도자   3피트의 퍼팅 스윙폭을 알아야 항상 같은 스윙이 가능합니다.

연습과제 : 1~2피트의 퍼팅으로 10구를 친다. 파트너는 줄자로 후반 5회 퍼팅한 공의
이동거리를 잰다. 파트너와 역할을 교대한다. 2~3피트의 퍼팅과 3~4피트의 퍼팅으로
과제를 반복한다. 파트너는 코치 역할을 맡아 반복해서 조언을 해주거나 피드백을 준다.
플레이어들에게는 각각 자기가 치는 법으로 쳤을 때 공의 평균이동거리로 측정한다.

연습목표 : 1~2피트, 2~3피트, 3~4피트의 퍼팅으로 안정된 스윙이 가능하도록 한다.

도움말

- 스탠스와 스윙의 균형을 잡을 것
- 블레이드를 수직으로 할 것
- 그립을 편하게 쥘 것
- 몸을 움직이지 말 것
- 공 바로 위에 코가 오도록 할 것
- 스무스하고 안정된 스트로크를 할 것

조건을 변경한 게임

앞의 게임을 반복한다. 컵에서 3피트, 10피트, 15피트 떨어진 곳에서 각각 퍼팅하여 점
수를 기록한다. 처음에 한 게임의 점수와 10피트와 15피트에서 퍼팅한 점수를 각각 비교
한다.

제2일

🕯 **게임** : 컵에서 8피트가 되는 곳과 15피트가 되는 곳에서 10구씩 퍼팅한 다음 점수를 매긴다.

> 🕯 **전술적 과제** : 적절한 방향으로 공을 보낸다.
>
> 🕯 **중심적 과제** : 그린을 읽는다.
>
> 🕯 **목표** : 중간 타겟을 설정하고, 될 수 있는 한 적은 타수로 컵에 공을 넣는다.

🕯 **구체적 목표** : 될 수 있는 한 적은 타수로 컵에 공을 넣는다.

🕯 **조건** : 플레이어들에게 과제 달성에 가장 적합한 클럽을 각자에게 고르게 한다. 안전 확보를 위해 클럽헤드를 발목보다 높이 올리지 않도록 규칙을 정한다. 표면이 평탄하지 않은 그린 위에서 컵에서 8피트 떨어진 곳과 15피트 떨어진 곳에 각각 공을 놓는다(표면에 변화를 주기 위해 그린 아래에는 로프를 깐다).

게임에 관한 질의 · 응답

플레이어   게임의 목표는 무엇입니까?

지도자   될 수 있는 한 적은 타수로 컵에 공을 넣는 것입니다.

플레이어   어제 게임보다 오늘 게임이 어려웠던 이유는 무엇입니까?

지도자   그린에 커브나 튀어나온 부분이 있었기 때문입니다.

플레이어   잘 해내기 위해 어떤 방법을 써야합니까?

지도자   그린을 보고, 공이 어느 쪽으로 굴러갈지를 판단해야 합니다.

플레이어   컵에 공을 넣으려면 어디를 공략해야 합니까?

지도자   컵의 오른쪽 혹은 왼쪽입니다.

플레이어   목표를 달성하려면 공과 컵 사이에 무엇인가를 타겟으로 이용해야 하는데, 어디를 타겟으로 해야 합니까?

지도자	공에서 1피트 앞, 2피트 앞, 3피트 앞, 혹은 컵 바로 옆입니다.
플레이어	중간타겟(공과 컵 사이에 타겟을 설정한 경우)에 가장 적합한 위치는 공에서 가까운 쪽입니까, 아니면 컵에 가까운 쪽입니까?
지도자	중간타겟으로 가장 적합한 위치를 우리 모두 찾아봅시다.

- **연습과제** : 게임의 조건과 같은 조건을 이용한다. 8피트와 15피트에서 퍼트할 때에는 가장 적합한 중간타겟을 찾아내기 위해 스티커, 별표, 작은 마커 등을 이용한다. 처음에는 공과 컵 사이에 마커를 두고, 서서히 마커를 컵에 가깝게 한다. 8피트와 15피트에서 퍼트할 때에 적합한 중간타겟의 위치를 선택할 수 있게 되면, 이번에는 그린 위의 다른 장소로 이동시켜 타겟위치를 잡아보게 한다.
- **연습목표** : 퍼팅 때 중간타겟으로서 가장 적합한 위치를 결정한다.

도움말

- 몸을 움직이지 말고, 스트로크는 흔들림이 적게 한다.
- 라인 위를 타고, 스윙 폭에 의식을 집중한다.

연습과제에 관한 질의 · 응답

지도자	연습과제의 목표는 무엇이라고 생각합니까?
플레이어	중간타겟으로 가장 적합한 위치를 찾아내는 것입니다.
지도자	당신은 가장 적합한 중간타겟을 어디로 했습니까?
플레이어	공에 꽤 가까운 곳이었습니다.
지도자	왜 중간타겟이 멀리 있는 것보다 가까이 있는 편이 좋았습니까?
플레이어	타겟이 가까울수록 치기 쉽고, 실패도 적었기 때문입니다.

조건을 변경한 게임

앞의 게임을 다시 하여 점수를 매긴다. 그리고 처음에 한 게임의 점수와 비교한다.

제3일

🎯 **게임** : 그린에서 3피트 떨어진 잘 깍은 잔디 위에 공을 놓는다. 그리고 그린에서 10피트 떨어진 러프(rough) 가운데 공을 놓는다. 그린에 공을 올려 놓고 퍼팅한다.

> 🎯 **전술적 과제** : 의도한 방향으로 적절하게 공을 보낸다.
>
> 🎯 **중심적 과제** : 클럽의 선택, 중간타겟의 선택 및 칩샷(chip shot ; 그린을 벗어난 공을 굴려서 컵에 가까이 붙이는 것. running shot).
>
> 🎯 **목표** : 클럽을 선택하고, 20피트 지점에서 칩샷한다. 한 번의 숏퍼팅으로 컵에 들어갈 수 있는 범위에 공을 놓는다.

🎯 **구체적 목표** : 될 수 있는 한 적은 타수로 컵에 공을 넣는다. 칩샷으로 컵에서 3피트 이내의 곳으로 공을 보낸다.

🎯 **조건** : 플레이어에게 과제달성에 가장 적합한 클럽을 각자 고르도록 한다. 안전 확보를 위해 클럽헤드를 무릎보다 높이 올리지 않도록 규칙을 정한다. 어느 쪽이든 컵에서 20피트 떨어진 곳에 공을 놓는 것을 조건으로 하는데, 이때 한쪽은 그린으로부터 3피트, 다른 쪽은 그린으로부터 10피트 떨어진 곳으로 한다(그림이나 포스터, OHP, CD 등을 사용하여 그 홀에 관한 그린과 주변구역, 공과 컵의 위치관계 등에 관한 이미지를 준다). 플레이어들은 점수를 매긴다.

게임에 관한 질의 · 응답

지도자 모든 샷을 할 때 같은 클럽을 썼습니까, 아니면 샷에 따라 좀더 선호하는 클럽이 있다고 생각했습니까?

플레이어 그린까지 3피트에서부터 9피트까지인 곳에서는 3번 아이언부터 7번 아이언 까지를 썼습니다. 또, 10피트인 곳에서부터는 잔디가 길어서 9번 아이언 혹은 웨지를 썼습니다.

지도자	그런 클럽을 썼더니 공의 움직임이 어떻게 달라졌습니까?
플레이어	그린에 올릴 수 있는 충분한 높이까지 공을 띄울 수 있었습니다.
지도자	목표 달성에 가장 적합한 스탠스, 그립, 자세 등은 어떤 것이었습니까?
플레이어	오픈 스탠스, 가볍게 짜내는 듯한 그립, 공 바로 위에 이마가 오도록 하는 자세였습니다.
지도자	3피트 지점에서 목표 달성에 가장 적합한 스윙은 어떤 것이었습니까?
플레이어	평행이고, 스무스하며, 컵의 방향으로 폴로스루하는 스윙입니다.
지도자	그린에서 3피트 떨어진 곳에서의 스윙과 10피트 떨어진 곳에서의 스윙에서는 무엇을 바꿨습니까?
플레이어	10피트에서의 스윙을 더 크게 했습니다.
지도자	공이 날아가는 방향은 어떻게 콘트롤했습니까?
플레이어	중간타겟을 정했습니다.
지도자	공이 날아가는 모습은 어땠습니까? 공이 컵 가까이에 떨어졌을 때와 멀리 떨어졌을 때, 어느 쪽이 더 잘 됐습니까?
플레이어	컵에서 멀리 떨어졌을 때입니다. 그리고 나서 굴렀습니다.

❦ **연습과제** : 2야드 내지 2m 봉 사이에서 컵과 공 사이의 1/3 거리에 둔 타겟을 향해 칩샷을 한다(타겟을 마크하기 위해 작은 로프나 카드를 사용한다). 3피트와 10피트 거리로부터 각각 10구씩 칩샷을 한다. 다음에 좀 더 긴 거리(12피트에서 20피트 사이)를 선택하여 그에 적합하도록 스윙과 타겟을 조정한다.

❦ **구체적 목표** : 적절한 칩샷으로 공을 타겟 안에 떨어뜨린다.

도움말

❦ 칩샷은 오픈 스탠스로 하고, 손은 블레이드 앞쪽에 손을 둔다.

❦ 앞발에 체중을 싣는다.

❦ 손은 타겟을 향하게 한다.

❦ 클럽페이스를 늦춘다.

⫰ 몸을 움직이지 않는다.

조건을 변경한 게임

앞에서 한 게임을 다시하여 점수를 각각 비교한다.

▌제4일

⫰ **게임** : 컵에서 30피트 떨어진 곳과 60피트 떨어진 곳에 공을 놓는다. 공과 컵 사이에는 벙커가 있다. 컵은 해저드로부터 10피트 이내에 있다. 각각의 거리에서 5~10구씩 친다.

> ▼ **전술적 과제** : 적절한 거리, 방향, 탄도의 공을 친다.
> ▼ **중심적 과제** : 클럽의 선택, 피치샷(pitch shot)
> ▼ **목표** : 숏아이언으로 1/4(시계의 6~9시 각도) 스윙과 1/2(시계의 6~12시 각도)
> 스윙을 하여 피치샷으로 해저드(hazard)를 넘고, 해저드로부터 10피트 되는 곳
> 에 있는 컵에 공을 가까이 붙인다.

⫰ **구체적 목표** : 될 수 있는 한 적은 타수로 공을 컵에 넣는다. 컵에서 5피트 이내에 공을 붙인다.

⫰ **조건** : 플레이어에게 과제 달성에 가장 적합한 클럽을 각자 고르게 한다. 안전 확보를 위해 클럽헤드를 어깨보다 높이 올리지 않도록 규칙을 정한다. 공은 컵에서 30피트 떨어진 곳과 60피트 떨어진 곳에 있으며, 공과 컵 사이에는 벙커가 있다. 홀은 벙커의 반대쪽 10피트 지점에 있다(그림이나 포스터, OHP, CD 등을 이용하여 홀에 관한 그린이나 주변구역, 볼과 컵의 위치관계 등에 관한 이미지를 준다). 플레이어들은 점수를 매긴다.

게임에 관한 질의 · 응답

지도자   목표 달성에 가장 적합한 클럽은 어떤 것이었습니까?

플레이어   웨지(wedge) 혹은 9번 아이언이었습니다.

지도자   번호가 낮은 클럽보다 이러한 클럽들이 더 좋았던 이유는 무엇입니까?

플레이어   로프트(loft ; 클럽페이스의 경사각도. 각도가 클수록 공이 높이 올라간다)
        가 커서 컨트롤이 보다 쉬웠기 때문입니다.

지도자   공을 높이 올려야할 필요가 있었습니까?

플레이어   벙커를 넘어 공이 떨어질 때 많이 구르지 않도록 하기 위해서입니다. 컵이
        벙커에 가깝기 때문에 백스핀을 건 높이 뜬 공이 필요했습니다.

지도자   목표 달성에 가장 적합한 스탠스, 그립, 자세는 어떤 것이었습니까?

플레이어   스퀘어스탠스(square stance ; 좌우 발꿈치를 잇는 선이 공의 비행라인과
        평행이 되게 서는 것), 오버래핑그립(overlapping grip ; 오른손 새끼손가
        락이 왼손 둘째손가락의 관절과 맞물리게 잡는 것. vardon grip), 인터로
        킹그립(interlocking grip ; 오른손 새끼손가락을 왼손 둘째 · 셋째손가락
        사이에 넣어 감는 것), 내츄럴그립, 준비태세를 갖춘 자세(다 치고 나서의
        자세를 미리 만드는 것)였습니다.

지도자   컵에서 30피트 떨어진 곳에서 칠 때 가장 적합한 스윙은 어떤 것이었습니까?
        그것이 60피트 떨어진 곳에서 쳤을 때의 최적스윙과 어떻게 달랐습니까?

플레이어   칩샷보다 스윙은 커졌습니다. 또, 60피트 떨어진 곳에서 치기 위해서는 보
        다 큰 백스윙이 필요합니다. 그리고 타겟에 공을 가까이 대기 위해서는 좀
        더 전신을 사용하는 스윙이 필요하게 됩니다.

지도자   일반적으로 컵에서 멀어질수록 퍼트스윙은 커진다고 합니다. 당신은 이러
        한 점을 피치샷에 어떻게 응용했습니까?

플레이어   컵에서 멀어질수록 백스윙을 크게 했습니다.

지도자   백스윙의 크기를 설명할 때 시계표시를 이용하는 사람들도 있습니다. 백스
        윙의 크기를 잴 때 시계표시를 어떻게 활용할 수 있습니까?

플레이어   1/4 스윙은 6~9시이며, 하프스윙은 6~12시입니다.

♟ **연습과제 1** : 피치샷에서 그린에 공을 올리기 위해 1/4 스윙과 1/2 스윙을 연습하는 게임 장면을 설정한다. 체크리스트를 이용하여 파트너의 스윙모양과 크기를 평가한다. 치는 사람은 먼저 섀도스윙을 10회 한다. 섀도스윙을 20회하고 나면 역할을 교대한다. 그리고 이것을 30피트 혹은 60피트 식으로 거리를 바꿔가며 실시한다.

♟ **구체적 목표** : 피치샷을 하기 좋은 자세인 1/4 스윙과 1/2 스윙을 할 수 있도록 한다. 파트너의 피치샷을 평가한다.

연습과제에 관한 질의·응답

지도자   어드레스, 중간타겟의 선택, 공을 놓는 위치 등은 어땠습니까? 이러한 것들은 칩샷에서 퍼팅할 때의 그것과 같았습니까, 아니면 달랐습니까?

플레이어   셋업과 중간타겟의 선택은 같았습니다. 그러나 공을 놓는 위치는 달리 했습니다.

지도자   스탠스와의 관계에서 볼 때 공을 놓는 최적위치는 어디일까요?

플레이어   모르겠습니다.

지도자   우리 모두 찾아봅시다.

♟ **연습과제 2** : 30피트 혹은 60피트의 거리에서 칠 때 공을 어디에 두는 것이 좋을지를 과제로 하는 게임 장면을 설정한다. 모든 플레이어들은 앞발의 위치, 양발의 정가운데, 그리고 뒷발의 위치에 공을 놓고 각각 2구씩 친다. 파트너는 각 샷의 탄도를 재서 표시한다. 파트너와 역할을 교대하여 과제를 반복한다.

연습과제에 관한 질의·응답

지도자   어드레스 시 공의 위치에 따라 공이 날아가는 모습은 달라집니까?

플레이어   공이 앞쪽에 있을수록 낮은 탄도로 날아갑니다.

지도자   그밖에 공의 탄도에 영향을 미치는 것은 무엇입니까?

플레이어   클럽의 로프트각입니다.

지도자   어떻게 해야 높이 올라가는 공을 칠 수 있습니까?

플레이어   어드레스를 한 다음 정가운데 공을 놓고, 숫자가 큰 클럽(9번 아이언 혹은
              웨지)을 선택하여 치면 됩니다.

조건을 변경한 게임

게임을 다시 하여 처음에 한 게임의 결과와 비교한다.

제5일

🏌 **게임** : 공은 컵에서 90피트와 120피트 떨어진 곳에 있으며, 공과 컵 사이에는 연못이 있
다. 컵은 해저드로부터 20피트 이내에 있다.

> ▼ **전술적 과제** : 적절한 거리, 방향, 탄도의 공을 친다.
> ▼ **중심적 과제** : 공이 연못을 넘어가도록 쳐서 그린에 올린다.
> ▼ **목표** : 숏아이언으로 3/4 스윙과 풀스윙을 하고, 피치샷으로 컵에서 15~20피트
> 이내의 곳에 공을 올린다.

🏌 **구체적 목표** : 될 수 있는 한 적은 타수로 컵에 공을 넣는다. 컵에서 10~15피트 이내의
곳에 공을 올린다.

🏌 **조건** : 플레이어들에게 과제달성에 최적인 클럽을 각자 고르게 한다. 안전 확보를 위해
파트너가 안전사인을 줄 때까지는 클럽헤드를 올리지 않는다는 규칙을 정한다. 공은 컵
으로부터 90피트와 120피트가 되는 곳에 있으며, 공과 컵 사이에는 연못이 있다. 컵은
연못의 반대쪽 20피트 지점에 있다. 90피트와 120피트 거리로부터 각각 5~10구씩 친
다. 컵으로부터 15피트 이내의 곳에 올라온 공의 수를 기록한다(그림 4-4 참조).

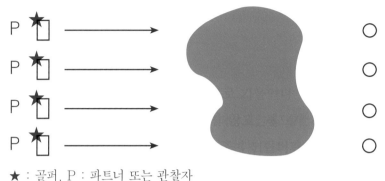

★ : 골퍼, P : 파트너 또는 관찰자

그림 4-2

게임에 관한 질의 · 응답

지도자   이러한 샷에 최적인 클럽은 어떤 것이었습니까?

플레이어   웨지 혹은 9번 아이언이었습니다.

지도자   90피트와 120피트의 샷에서 각각 클럽을 휘두르는 방법을 어떻게 바꿨습니까?

플레이어   120피트 샷에서 좀 더 크게 스윙했습니다.

지도자   이 스윙과 1/4 스윙 혹은 1/2 스윙의 공통점은 무엇이었습니까?

플레이어   같았습니다. 다만 동작의 범위가 커지거나 스윙이 길어지거나 했습니다.

지도자   풀스윙의 리듬은 1/4 스윙 혹은 1/2 스윙과 비교했을 때 무엇이 달랐습니까?

플레이어   같은 리듬이었습니다. 스무스하게 흘러가는 듯한 리듬입니다.

🕴 **연습과제** : 피치샷으로 그린 위에 공을 올리기 위해서 3/4스윙부터 풀스윙까지 사이에서 스윙이 과제가 되는 게임장면을 설정한다. 스윙의 형태과 크기를 평가하기 위해 체크리스트를 사용한다. 먼저 섀도스윙을 10회 한 다음 파트너에게 자세를 평가받기 위해 섀도스윙을 10회 더 한다. 섀도스윙을 20회 하고 나서 역할을 교대한다. 그리고 90피트와 120피트로 거리를 바꿔서 같은 것을 실시한다.

🕴 **구체적 목표**: 좋은 자세로 3/4스윙부터 풀스윙 사이에서 피치샷을 한다. 파트너의 스윙을 평가한다.

조건을 변경한 게임

게임을 다시하여 처음에 한 게임의 점수와 비교한다.

제6일

▌ **게임** : 컵에서 150피트 떨어진 나무 밑에 공이 있다.

> ▼ **전술적 과제** : 적절한 거리와 방향으로 공을 보낸다.
> ▼ **중심적 과제** : 낮은 탄도의 공을 친다.
> ▼ **목표** : 미들아이언을 사용한 3/4스윙부터 풀스윙으로 그린으로의 어프로치샷을 한다.

▌ **구체적 목표** : 될 수 있는 한 적은 타수로 컵에 공을 넣는다.

▌ **조건** : 플레이어들에게 과제 달성에 가장 적합한 클럽을 각자 고르게 한다. 안전 확보를 위해 파트너가 안전사인을 줄 때까지는 클럽헤드를 올리지 않는다는 규칙을 정한다. 우선 섀도스윙을 10회 한 다음, 이어서 3~5구를 친다(그림이나 포스터, OHP, CD 등을 써서 그린이나 주변구역, 공과 컵의 위치관계 등에 관한 이미지를 준다). 플레이어들은 3~5구까지의 스윙에 대한 점수를 매긴다.

게임에 관한 질의 · 응답

지도자　　　공을 어디로 보내는 것이 가장 좋습니까? 그리고 그 이유는 무엇입니까?

플레이어　　그린 바로 앞에 떨어뜨리거나, 숲에서 공을 잃어버리지 않도록 공을 굴리는 것입니다.

지도자　　　목표 달성에 최적인 클럽은 어떤 것이었습니까?

플레이어	미들아이언 혹은 내가 좋아하는 클럽입니다.
지도자	목표 달성에 최적인 탄도는 어떤 것이었습니까?
플레이어	나무를 피하기 위한 낮은 탄도입니다.
지도자	목표 달성에 최적인 스윙의 크기는 어느 정도였습니까?
플레이어	3/4 스윙에서 풀스윙입니다.
지도자	공을 놓는 최적의 위치는 어디였습니까?
플레이어	낮은 탄도를 유지하기 위하여 스탠스의 앞쪽입니다.

연습과제 1 : 각자 스윙연습을 10회 하고, 적절한 탄도를 얻기 위해 공의 위치를 조정한다. 그리고 나서 파트너에게 자세를 평가받기 위해 섀도스윙을 10회 더 한다. 그리고 나서 20회 클럽을 휘두른 다음 교대한다. 파트너가 평가하기 위해 시간이 좀더 필요하다면 몇 번 더 클럽을 휘두른다.

구체적 목표 : 낮은 탄도의 공을 칠 수 있도록 공의 위치를 조정한다. 파트너의 풀스윙을 평가한다.

연습과제 2 : 풀스윙으로 나무 밑에서 그린 바로 앞까지 공을 보내는 것을 과제로 하는 게임장면을 설정한다. 체크리스트를 이용하여 스윙 실수나 공의 탄도를 평가한다.

구체적 목표 : 어프로치샷을 잘 해내기 위해 그린 바로 앞까지 공을 날린다.

도움말

낮은 탄도의 공을 치려면 적합한 위치에 공을 놓고, 적절한 클럽을 선택해야 한다.

일정한 리듬으로 스무스하게 스윙한다.

조건을 변경한 게임

게임을 반복하여 처음에 한 게임의 결과와 비교한다.

제7일

❚ **게임** : 세컨드샷(어프로치샷)으로 공을 그린에 보내는 것을 목표로 하여 티박스에서 페어웨이를 향해 티샷을 한다.

> ❚ **전술적 과제** : 적절한 거리와 탄도의 공을 친다.
> ❚ **중심적 과제** : 미들아이언의 풀스윙
> ❚ **목표** : 티에서 공을 친다. 전술적 과제를 가지고 있는 파 3의 골프 코스에서 5홀을 플레이한다.

❚ **구체적 목표** : 될 수 있는 한 적은 타수로 컵에 공을 넣는다. 그린에서 100피트 이내의 지점까지 공을 운반한다.

❚ **조건** : 플레이어들에게 과제 달성에 최적인 클럽을 각자 고르게 한다. 안전확보를 위해 파트너가 안전사인을 줄 때까지 클럽헤드를 올리지 않는다는 규칙을 정한다. 티박스는 컵에서 250피트의 지점에 있으며, 공과 컵 사이에는 연못이 있다. 컵은 연못 반대쪽 20피트 지점에 있다(그림이나 포스터, OHP, CD 등을 사용하여, 그 홀에 관한 그린이나 주변구역, 공과 컵의 위치관계 등에 관한 이미지를 준다). 플레이어들은 점수를 매긴다.

게임에 관한 질의 · 응답

지도자　　　게임의 목표는 무엇이었습니까?

플레이어　　그린에서 100피트 이내의 지점으로 공을 보내는 것입니다.

지도자　　　그것을 가능하게 하기 위해 어드레스나 스윙에서 어떤 것을 바꿨습니까?

플레이어　　티를 이용했습니다.

지도자　　　그 티는 왜 이용했으며, 그 이유는 무엇입니까?

플레이어　　공을 쉽게 치기 위해서입니다. 잔디밭이 방해가 되지 않도록 셋업할 수 있기 때문입니다.

지도자	공은 스탠스의 어느 지점에 놓습니까? 지금까지와는 다른 위치에 놓았습니까? 다른 위치에 놓은 경우에는 어떻게 되겠습니까?
플레이어	아니오. 늘 놓는 위치에 놓았습니다.
지도자	가장 거리가 많이 나올 수 있게 공을 놓는 위치를 결정하는 연습을 합시다.

🏌 **연습과제 1** : 앞발, 한가운데, 뒷발 앞에 공을 놓고, 각각 2구씩 티샷을 한다. 파트너는 각 샷의 탄도와 대략적인 거리를 재서 기록한다. 파트너와 역할을 교대하여 과제를 반복한다.

🏌 **구체적 목표** : 티샷 때 공을 놓는 최적의 위치를 정한다.

연습과제에 관한 질의 · 응답

지도자	적절한 거리, 방향, 탄도의 공을 치기 위해서는 어디에 공을 놓는 것이 최적입니까?
플레이어	앞발 쪽입니다.
지도자	티의 높이는 어느 정도로 했습니까?
플레이어	대략 공과 그라운드 사이에 둘째손가락이 들어갈 정도입니다.
지도자	공의 높이는 공의 탄도에 얼마나 영향을 줍니까?
플레이어	공이 너무 높으면 탄도가 높아집니다. 너무 낮으면 탄도가 낮아집니다.
지도자	티를 어떤 높이로 하여 공을 올려놓고 치면 좋을지 연구해 봅시다.

🏌 **연습과제 2** : 플레이어들은 티의 높이를 저, 중, 고로 하고 각각 2회씩 티샷을 한다. 파트너는 각 샷의 탄도와 대략적인 거리를 재서 기록한다. 파트너와 역할을 교대하고, 과제를 반복한다.

🏌 **구체적 목표** : 적절한 티의 높이를 결정한다.

연습과제에 관한 질의 · 응답

지도자	티의 높이는 공의 탄도에 어떤 영향을 주었습니까?
플레이어	티가 너무 높을 때에는 공의 탄도가 높아졌습니다.

지도자	최적의 티 높이는 어느 정도였습니까?
플레이어	아이언은 저에서 중이었고, 드라이버는 중 정도였습니다.

도움말

🏌 어드레스와 공의 위치

🏌 편하게 스윙하고, 강하게 친다.

🏌 공이 있는 점에 눈을 고정시킨다.

조건을 변경한 게임

전술적 과제를 갖는 코스를 3~5홀 도는 게임을 한다. 처음에 실시한 게임의 점수와 비교한다.

제8일

🏌 **게임** : 전술적 과제를 갖는 코스를 5홀에서 9홀 돈다.

> 🏌 **전술적 과제** : 타수를 줄인다.
>
> 🏌 **중심적 과제** : 골프의 규칙과 에티켓
>
> 🏌 **목표** : 티샷을 한다. 파3의 전술적 과제를 갖는 코스에서 5홀을 플레이한다.

🏌 **구체적 목표** : 어떤 홀에서든 가능한 한 적은 타수로 돈다.

🏌 **조건** : 전술적 과제를 갖는 코스에서는 모든 플레이어들은 규칙을 따라야 한다. 그렇지 않으면 적절한 페널티를 받는다. 플레이어들은 코스 에티켓에 따라야 한다.

구체적 목표 : 적절한 클럽의 선택, 샷의 선택, 셋업 및 스윙의 크기 등에 관한 지식을 실제로 응용한다.

게임에 관한 질의·응답

지도자 (3 내지 4홀을 종료한 후에) 공이 숲이나 해저드로 들어가버려 공을 집어 들거나 줍지 않으면 안 될 때 당신은 어떻게 했습니까?

플레이어 점수에 페널티를 더했습니다.

지도자 그밖에 페널티가 부과되는 예를 들 수 있습니까?

플레이어 잘못된 공으로 플레이하거나, 어드레스 시에 공이 움직였을 때입니다.

지도자 치는 순서는 어떻게 해서 확인합니까?

플레이어 앞의 홀에서 점수가 좋았던 사람이 먼저 칩니다.

지도자 티샷을 할 때와 그린 위에서 칠 때 백은 어떻게 합니까?

플레이어 백은 티나 그린에서 떨어진 곳에 둡니다.

　　　　※ 규칙이나 에티켓에 대한 다른 질문을 더 추가할 수 있다.

지도자 규칙을 적용하고, 에티켓을 지키면서 플레이합시다.

제 3 장

고급단계

이 단계의 중심과제는 드라이버와 페어웨이우드로 하는 풀샷이다. 안정된 스윙패턴을 습득하면 플레이어들은 공을 좌에서 우, 우에서 좌로 치기 위해 스윙궤도나 클럽의 위치를 수정해야 한다. 한 번 스윙패턴이 안정되면 플레이어는 평탄하지 않은 라이나 오르막 혹은 내리막 라이에서도 제대로 칠 수 있게 된다.

제1일

🏌 **게임** : 파 4의 전술적 과제를 갖는 코스에서 3~5홀을 플레이한다.

> 🏌 **전술적 과제** : 적절한 거리와 방향으로 공을 친다.
> 🏌 **중심적 과제** : 티박스에서 드라이버로 치는 풀샷
> 🏌 **목표** : 드라이버를 써서 페어웨이의 중앙으로 공을 보낸다.

🏌 **구체적 목표** : 될 수 있는 한 적은 타수로 컵에 공을 넣는다. 가장 쉽게 그린으로의 어프로치를 칠 수 있는 곳으로 공을 보낸다.

🏌 **조건** : 플레이어들에게 과제 달성에 최적인 클럽을 각자 고르게 한다. 안전 확보를 위해 파트너가 안전사인을 주기 전까지는 클럽헤드를 올리지 않는다는 규칙을 정한다. 티박스는 컵에서 300야드 지점에 있으며, 공과 컵 사이에는 연못이 있다. 컵은 연못의 반대쪽 30피트 지점에 있다(그림이나 포스터, OHP, CD 등을 이용하여 그 홀에 관한 그린과 주변구역, 공과 컵의 위치관계 등에 관한 이미지를 준다). 플레이어들은 점수를 매긴다.

게임에 관한 질의 · 응답

플레이어   게임의 목표는 무엇입니까?

지도자   그린 어프로치가 쉬운 장소에 드라이버샷으로 공을 보내는 것입니다.

플레이어   공을 떨어뜨리기 위한 최적의 장소는 어디입니까?

지도자   대부분의 홀에 해당하는 것이지만, 그린을 향해 컵이 보이는 상태에서 샷할 수 있는 페어웨이의 정중앙입니다.

플레이어   대부분의 공을 똑바로 쳐야 합니까?

지도자   안정되게 치는 사람은 거의 없었습니다.

플레이어   공이 날아가는 모습에서 보았을 때 나의 스윙에서 문제점을 발견할 수 있었습니까?

| 지도자 | 공이 너무 높이 날아가거나 너무 낮게 날아가는 이유는 아마 어드레스할 때 공을 놓은 위치가 나빴기 때문인 것 같습니다. 만약 오른쪽에서 왼쪽으로 휘면 그것은 아마 스윙의 궤도가 올바르지 않거나, 임팩트 때 블레이드가 직각에 들어맞지 않았기 때문이라고 생각됩니다. |

지도자　공이 너무 높이 날아가거나 너무 낮게 날아가는 이유는 아마 어드레스할 때 공을 놓은 위치가 나빴기 때문인 것 같습니다. 만약 오른쪽에서 왼쪽으로 휘면 그것은 아마 스윙의 궤도가 올바르지 않거나, 임팩트 때 블레이드가 직각에 들어맞지 않았기 때문이라고 생각됩니다.

플레이어　만약 공이 너무 높거나 낮고, 훅(hook)이나 슬라이스가 되면 무엇을 해야 합니까?

지도자　스윙을 조절해야 합니다. 그리고 클럽을 휘두르는 법을 연습하고, 공이 날아가는 모습이나 회전을 읽을 수 있도록 연습해야 합니다.

- **연습과제 1** : 플레이어들은 커튼이나 벽을 향해 위플볼(wiffle ball)을 치거나 게이지의 중간 혹은 바깥에서 진짜 공을 친다. 한 사람이 드라이버 연습을 할 때 파트너는 체크리스트를 사용하여 피드백을 주면서 그것을 평가한다. 10회에서 20회 스윙하면 교대한다.
- **구체적 목표** : 풀스윙 퍼포먼스를 개선한다. 파트너의 풀스윙 퍼포먼스를 평가한다.
- **연습과제 2** : 플레이어들은 커튼이나 벽을 향해 위플볼을 게이지의 중간 혹은 바깥에서 친다. 한 사람이 5~10구를 치는 동안 파트너는 공의 방향과 탄도를 평가하거나 피드백을 준다.
- **구체적 목표** : 공의 탄도나 회전을 읽고, 그것을 스윙의 피드백으로 활용한다.

조건을 변경한 게임

전술적 과제를 갖는 코스에서 3~5홀의 게임을 반복한다. 처음에 실시한 게임의 점수와 비교한다.

제2일

🏌 **게임** : 파5의 전술적 과제를 갖는 골프코스에서 3~5홀을 플레이한다.

> 🏌 **전술적 과제** : 적절한 거리와 방향으로 공을 친다.
> 🏌 **중심적 과제** : 페어웨이우드의 풀샷. 클럽의 선택
> 🏌 **목표** : 페어웨이우드를 써서 목표로 하는 곳으로 공을 보낸다.

🏌 **구체적 목표** : 될 수 있는 한 적은 타수로 컵에 공을 넣는다. 가장 쉽게 그린에 어프로치할 수 있는 곳으로 공을 보낸다.

🏌 **조건** : 플레이어들에게 과제달성에 최적인 클럽을 각자 고르게 한다. 안전 확보를 위해 파트너가 안전사인을 주기 전에는 클럽헤드를 들지 않도록 하는 규칙을 정한다. 티박스는 컵에서 450야드 지점에 있으며, 공과 컵 사이에는 연못이 있다. 컵은 연못 반대쪽 30피트 지점에 있다(그림이나 포스터, OHP, CD 등을 써서 그 홀에 관한 그린과 주변구역, 공과 컵의 위치관계 등에 관한이미지를 준다). 플레이어들은 점수를 기록한다.

게임에 관한 질의·응답

지도자   그린까지 200야드 지점, 혹은 그 이상의 지점까지 공을 보낼 때 어떤 클럽을 썼습니까?

플레이어   롱아이언이나 우드입니다.

지도자   목표지점이 그린에서 200야드 혹은 그 이상 떨어져 있을 때 사용한 클럽은 어떤 것입니까? 그리고 그 이유는 무엇입니까?

플레이어   2번 우드나 3번 우드, 혹은 3번 아이언입니다. 길고 헤드가 큰 클럽일수록 멀리 칠 수 있기 때문입니다.

지도자   클럽을 선택할 때 그 이외에 무엇을 고려했습니까?

플레이어   내가 칠 수 있는 거리, 공의 라이, 그린까지의 거리 등입니다.

지도자　　페어웨이우드로 칠 때에는 티에서 칠 때와 어떤 점이 달랐습니까?

플레이어　　공의 라이가 낮아지도록 티업할 수 없었습니다.

지도자　　겹쳐진 원인은 무엇이었다고 생각합니까?

플레이어　　셋업과 스탠스가 정확하지 않았기 때문이라고 생각합니다.

연습과제 1 : 파트너와 함께 페어웨이우드(2/3이나 4/5)를 사용한다. 한 사람이 공을 전방, 가운데, 후방에서 각각 5구씩 친다. 그때 파트너는 각각의 공의 방향과 탄도를 그림으로 기록한다. 그다음에 역할을 교대한다.

구체적 목표 : 롱아이언, 혹은 페어웨이우드로 칠 때 적절한 공의 위치를 결정한다.

연습과제에 관한 질의 · 응답

지도자　　페어웨이우드를 칠 때 공을 놓는 최적의 위치는 어디입니까?

플레이어　　스탠스의 앞쪽입니다. 그러나 더 정확한 위치는 플레이어에 따라 달라질 수도 있습니다.

지도자　　공은 당신의 몸에서 어느 정도 떨어져 있었습니까?

플레이어　　(플레이어들은 공이 몸 가까이에 있었다고 대답하거나, 멀리 있었다고 하거나, 그 중간에 있었다고 할 것이다.)

지도자　　당신은 어떤 거리가 최적이라고 생각합니까?

플레이어　　(플레이어들은 확신을 갖지 못하고, 얼굴을 마주보고 있다.)

지도자　　공을 놓는 위치, 발에서 공까지의 거리 등에 주의하면서 게임을 하도록 합시다.

연습과제 2 : 파트너와 함께 페어웨이우드(2/3 혹은 4/5)를 사용한다. 한 사람이 몸 가까이 혹은 멀리 하는 식으로 몸에서 다양한 거리에 공을 두고, 15구에서 20구를 친다. 적절한 거리를 알게 되면 파트너와 교대한다. 파트너는 자세나 공의 날아가는 모습에 관한 피드백을 준다(스탠스에 관련하여 공을 둔다고 하는 연습과제 1에서 알게 된 사실을 활용시킨다).

구체적 목표 : 페어웨이우드로 칠 때 공을 놓는 적절한 위치를 결정한다.

조건을 변경한 게임

전술적 과제를 갖는 코스에서 3~5홀의 게임을 반복한다. 처음에 실시한 게임의 점수와 비교한다.

제3일

🕴 **게임** : 공은 벙커 안에 있고, 컵은 벙커에서 30피트 지점에 있다. 공은 벙커의 깊은 곳에서 10피트, 컵에서는 40피트 지점에 있다.

> 🔻 **전술적 과제** : 해저드에서 공을 뺀다.
> 🔻 **중심적 과제** : 벙커샷
> 🔻 **목표** : 벙커(bunker) 밖으로 공을 뺀다. 타겟존(target zone)에 공을 올린다.

🕴 **구체적 목표** : 될 수 있는 한 적은 타수로 컵에 공을 넣는다. 1 타로 벙커에서 공을 빼내서 그린에 올린다.

🕴 **조건** : 플레이어들에게 과제 달성에 최적인 클럽을 각자 고르게 한다. 안전 확보를 위해 파트너가 안전사인을 주기 전에는 클럽헤드를 들지 않도록 하는 규칙을 정한다. 같은 라이에 셋업하고, 벙커에서 공을 빼내서 최소의 타로 컵아웃한다. 파트너와 경쟁하면서 한다(그림이나 포스터, OHP, CD 등을 써서 그 홀에 관한 그린과 주변구역, 공과 컵의 위치관계 등에 관한 이미지를 준다). 플레이어들은 파트너의 점수를 매긴다.

게임에 관한 질의 · 응답

플레이어   이 게임의 목표는 무엇입니까?

지도자   1타에 공을 벙커에서 꺼내 그린에 올려놓는 것입니다.

플레이어   어떻게 하면 그것이 가능합니까?

지도자   오픈 스탠스로 서서 확실하게 휘둘러 빼내야 합니다.

플레이어   벙커에서 공을 꺼내는 데 필요한 스윙의 크기는 어떻게 판단합니까?

지도자   공이 모래 속에 파묻혀 있는 깊이를 보고 판단합니다.

🏌 **연습과제 1** : 플레이어들은 파트너의 폼을 보고 평가하여 피드백을 준다. 10회 스윙을 한 다음 역할을 서로 바꾼다.

🏌 **구체적인 목표** : 벙커샷이 폼을 좋게 한다. 파트너가 벙커샷을 평가한다.

🏌 **연습과제 2** : 파트너와 조를 이루어 모래 속에 서로 다른 깊이로 공을 놓는다(묻는다). 파트너는 그 것을 보고, 모래 속에서 공을 꺼내는 데 필요한 즉, 모래 속에 클럽헤드를 쳐 넣어야 한 포인트와 스윙의 크기에 대하여 피드백을 준다.

🏌 **구체적인 목표** : 벙커샷에서 공을 쳐서 꺼내기 위하여 클럽헤드를 쳐 넣어야 할 포인트를 확인한다.

조건을 변경한 게임

게임을 반복하여 파트너가 처음에 했던 스코어와 비교한다.

제4일

게임 : 그린에서 약 30야드 떨어진 곳, 길고 짙은 풀 속에서 공을 꺼낸다.

> **전문적 과제** : 헤저드에서 공을 꺼낸다.
>
> **중심적 과제** : 깊은 풀 속에 묻혀 있는 공을 친다.
>
> **목표** : 적당한 클럽을 선택, 어드레스와 나란하게 중간목표를 설정한다. 공의 밑을 치기 위해서 스윙궤도를 조정한다.

구체적 목표 : 가능한 한 적은 타수로 마무리한다.

조건 : 플레이어들에게 과제 달성에 최적인 클럽을 각자 고르게 한다. 안전 확보를 위해 파트너가 안전사인을 주기 전에는 클럽헤드를 들어올려서는 안 된다는 규칙을 정한다. 적당한 깊이로 자란 풀이 없으면 숏샷을 연습하기 위해서 모래 또는 흙을 사용한다. 가능하면 그린에서 60~70야드 떨어진 곳에 공을 놓는다. 파트너와 교대로 공을 친다. 그린 또는 그린으로 정한 구역에 공이 떨어지면 -5점을 준다(그림이나 포스터, OHP, CD 등을 이용하여 오르막이나 내리막 라이, 그린주변 구역, 공과 컵의 위치 관계 등에 관한 이미지를 준다). 플레이어는 파트너의 점수를 매긴다.

게임에 관한 질의·응답

지도자   어떤 방법으로 그린 위에 공을 올렸습니까?

플레이어   공을 높이 쳐서 그린 바로 앞으로 보냈습니다.

지도자   깊은 풀속에서 공을 빼내기 위해서 어떤 스윙을 했습니까?

플레이어   공 아래를 지나가도록 스윙했습니다. 그립을 꽉 잡고, 폴로스루를 잘했습니다.

지도자   안정되게 그린 위에 공을 올릴 수 있었던 사람은 몇 명이었습니까?

플레이어   (플레이어들은 대부분은 반응하지 않는다.)

지도자   연습합시다.

🕴 **연습과제** : 공을 올리는 타겟에 홀라후프를 두고 게임을 한다. 각자 5회 치고 나서 파트 너와 교대한다. 파트너는 코치역할을 맡고, 샷을 할 때마다 피드백을 준다.

🕴 **구체적 목표** : 깊은 풀속에서 공을 빼내기 위한 스윙의 조정

도움말

🕴 공 아래를 뚫고 지나가는 스윙

🕴 중간타겟의 선택

🕴 공을 올리는 장소의 선택

조건을 변경한 게임

게임을 반복하여 점수를 비교한다.

▌제5일

🕴 **게임** : 파트너와 경쟁한다. 30피트 떨어진 타겟구역 가운데 오르막 라이와 내리막 라이 에서 각각 5구씩 친다.

> 🕴 **전술적 과제** : 오르막이나 내리막 라이에서 친다.
> 🕴 **중심적 과제** : 오르막이나 내리막 라이에서의 어드레스
> 🕴 **목표** : 오르막이나 내리막 라이에서 쓰는 클럽을 선택하여 어드레스한 다음 공의 위치를 정한다.

🕴 **구체적 목표** : 될 수 있는 한 20 언더파에 가깝도록 한다.

🕴 **조건** : 플레이어들에게 과제 달성에 최적인 클럽을 각자 고르게 한다. 안전 확보를 위해

파트너가 안전사인을 주기 전에는 클럽헤드를 들지 않도록 하는 규칙을 정한다. 위플볼을 칠 때에는 될 수 있는 한 타겟에서 10~20야드 떨어진 지점에 공을 놓는다. 타겟구역을 벗어난 샷은 1점, 타겟구역에 올린 샷은 마이너스 2점으로 한다(그림이나 포스터, OHP, CD 등을 써서 오르막이나 내리막 라이, 그린주변 구역, 공과 컵의 위치관계 등에 관한 이미지를 준다). 플레이어들은 파트너의 점수를 매긴다.

게임에 관한 질의 · 응답

지도자　　오르막이나 내리막 라이에서 잘 치기 위해서 어떻게 어드레스했습니까?

플레이어　클럽을 휘둘러보고, 어디에 공을 둘 것인지 결정했습니다. 높은쪽 발 근처에 공을 두었습니다.

지도자　　오르막이나 내리막 라이에서 잘 치기 위해 어떤 식으로 클럽 휘두르는 법을 조정했습니까?

플레이어　경사의 정도에 맞춰 스윙의 크기를 조정하고, 그립을 짧게 두며(톱에서 약 3인치), 어깨가 경사면에 평행이 되도록 했습니다. 오르막 라이에서는 훅이 되는 경향이 있어서 공에 몸을 가까이 붙이도록 노력했습니다.

지도자　　어느 정도 안정된 샷을 했습니까?

플레이어　(반응하는 플레이어들이 별로 없다.)

지도자　　연습이 필요하겠죠?

* **연습과제** : 체크리스트를 사용하여 파트너의 기록을 활용한다. 각자 10구에서 20구씩 치고 나서 파트너와 교대한다. 평가항목에는 샷 전의 루틴도 추가한다.
* **구체적 목표** : 잘 맞도록 적절히 어드레스한다. 오르막과 내리막 라이에 대응해 스윙을 개선한다.

도움말

* 오르막 라이에서는 낮은쪽 발에 체중을 싣는다.
* 공의 위치에 걸맞는 실전적인 스윙을 한다.
* 실제로 샷을 하기 전에 그 동작을 한다.

조건을 변경한 게임

게임을 반복한다. 그리고 전술적 과제를 갖는 코스(특히 오르막이나 내리막 라이에서는 페어웨이샷을 해야만 한다)에서 2~3홀을 플레이한다.

▌제6일

- **❡ 게임** : 파트너와 경쟁한다. 사이드힐부터 10구(완만한 내리막 라이에서는 5구, 완만한 오르막 라이에서 5구)를 타겟구역 가운데에서 친다.

> - ▼ **전술적 과제** : 사이드힐라이(sidehill lie ; 완만한 오르막이나 완만한 내리막인 경사, 즉 비탈진 곳에 공이 높인 것)에서 친다.
> - ▼ **중심적 과제** : 사이드힐라이(sidehill lie)에서 치기 위한 셋업
> - ▼ **목표** : 사이드힐라이에서 치는 클럽을 선택하여 어드레스한 후 스탠스, 공을 놓는 위치 등을 결정한다. 샷 전에 스윙연습을 한다.

- **❡ 구체적 목표** : 될 수 있는 한 20언더에 가깝게 한다.
- **❡ 조건** : 플레이어들에게 과제 달성에 최적인 클럽을 각자 고르게 한다. 파트너가 안전사인을 주기 전에는 클럽헤드를 들지 않도록 하는 안전확보를 위한 규칙을 정한다. 공은 약 30피트 떨어진 지점에서 친다. 타겟구역을 벗어난 샷은 1점, 타겟구역에 올린 샷을 마이너스 2점으로 한다. 위플볼을 칠 때에는 될 수 있는 한 타겟으로부터 10~20야드 떨어진 지점에 공을 놓는다(그림이나 포스터, OHP, CD 등을 써서 오르막이나 내리막 라이, 그린 주변 구역, 공과 컵의 위치관계 등에 관한 이미지를 준다). 플레이어는 파트너의 점수를 매긴다.

게임에 관한 질의·응답

플레이어　사이드힐라이에서 잘 치기 위해서는 어떤 프리샷루틴(preshot routine ;
　　　　　샷을 하기 전에 하는 일련의 행동)이 좋습니까?

지도자　　스탠스의 어디에 공을 두면 좋을지를 결정하기 위해 그 동작을 미리 해본
　　　　　다음 중간타겟을 설정합니다.

플레이어　사이드힐라이에서 잘 치려면 스윙은 어떻게 해야 합니까?

지도자　　경사에 정도에 따라 스윙의 크기를 조정합니다. 예를 들면 그립을 짧게(톱
　　　　　에서 약 3인치) 잡는 것입니다. 공이 발보다 아래에 있을 때에는 발꿈치쪽
　　　　　및 발등에 체중을 싣습니다.

🏌 **연습과제** : 체크리스트를 이용한 파트너의 평가를 활용한다. 각자 10~20구씩을 친 후에
교대한다. 평가항목에는 샷 전에 행해야 하는 루틴도 추가한다.

🏌 **구체적 목표** : 잘 맞추기 위해 적절히 어드레스한다. 사이드힐 라이에서 칠 때의 스윙을
개선한다.

도움말

🏌 적절한 공의 위치를 체크하기 위해 클럽으로 그 동작을 해본다.

🏌 샷 전의 루틴을 항상 실시한다.

🏌 완만한 내리막 라이의 경우(골퍼로부터 멀어져가는 경사면)에는 클로즈드 블레이드
(closed blade ; 블레이드가 공과 목표지점을 잇는 라인에 대해 직각이 되지 않고 왼쪽
을 향해 있는 것)

🏌 완만한 오르막의 경우(골퍼를 향해오는 경사면)에는 오픈 블레이드(open blade ; 블레
이드가 공과 목표지점을 잇는 라인에 대해 직각이 되지 않고 오른쪽을 향해 있는 것)

조건을 변경한 게임

게임을 반복한다. 사이드힐 라이에서 페어웨이샷을 플레이해야만 하는 전술적 과제를 갖는
골프코스를 플레이어들에게 2~3홀 플레이시킨다.

제7일

🚶 **게임** : 4인 1조로 3홀을 스트로크 플레이(storke play ; 코스를 도는 동안 타수가 적은
사람부터 순위를 정하는 타수경기)를 한다.

> ▼ **전술적 과제** : 회전이 걸린 공을 친다.
> ▼ **중심적 과제** : 백스핀이 걸린 공을 친다.
> ▼ **목표** : 40~80야드 떨어진 지점에서 피치샷으로 그린에 올린다.

🚶 **구체적 목표** : 될 수 있는 한 적은 타수로 3홀을 플레이한다.

🚶 **조건** : 핀은 그린 전방끝에 있고, 공은 컵에서 약 60야드 떨어진 페어웨이에 있다. 짧은
페어웨이샷에서 시작하여 3홀을 플레이한다.

게임에 관한 질의 · 응답

플레이어   처음 샷으로 최적인 클럽은 어떤 것입니까?

지도자   9번 아이언 혹은 피칭웨지 또는 샌드웨지입니다.

플레이어   그린의 어디에 공을 올리는 것이 최적입니까?

지도자   1퍼칭으로 컵에 들어가게 할 수 있는 정도의 거리입니다.

플레이어   어떻게 하면 컵에 가깝게 공을 올릴 수 있습니까?

지도자   공의 탄도가 높아야 합니다.

플레이어   왜 높은 탄도입니까?

지도자   공이 떨어진 곳에서 멈추기 때문입니다. 그런데 컵 주변에 공을 제대로 떨
어뜨리고, 그 부근에서 공을 멈추게 했습니까?

플레이어   거의 되지 않았습니다.

지도자   모두 연습해봅시다.

🏌 **연습과제** : 공의 각도를 바꿔서 친다. 파트너와 9번 아이언으로 3구씩 친다. 그 공 중에서 하나는 타겟쪽 발의 발꿈치선상에 놓고, 다른 하나는 뒷발의 발꿈치선상에, 또 하나는 몸 한가운데에 놓는다. 파트너는 공의 회전과 공이 날아가는 모습을 관찰하여 그 결과를 기록한다. 역할을 교대하여 과제를 반복한다. 피칭웨지(pitching wedge)로 다시 한 번 같은 과제를 반복한다. 그리고 나서 샌드웨지(sand wedge)로도 그것을 해본다.

🏌 **구체적 목표** : 클럽이 달라지고 공을 놓는 방법이 달라지면 공의 각도와 탄도가 어떻게 달라지는지를 관찰한다.

도움말

🏌 스탠스를 좁게 한다.

🏌 전방으로 2시 혹은 3시(60~90도) 크기의 스윙을 한다.

🏌 손은 타겟을 향하게 한다.

연습과제에 관한 질의 · 응답

플레이어   공의 위치에 따라 공의 탄도나 회전은 어떻게 달라집니까?

지도자   뒤에 놓을수록 탄도는 낮아집니다.

플레이어   클럽이 달라지면 공의 탄도나 회전은 어떻게 달라집니까?

지도자   로프트각이 커질수록 탄도가 높아지며, 강한 회전이 걸립니다.

조건을 변경한 게임

전술적 과제를 갖는 파3의 코스를 2~4홀 돈다. 파3의 각 코스 조건을 나타내기 위해 시각적 보조도구를 쓴다. 예를 들면 티박스에서 칠 때 티를 쓰지 않는 것이다.

제8일

🏌 **게임** : 팔로 더 리더(follow-the-leader ; 대장 따라 하기 놀이)

> 🏌 **전술적 과제** : 회전이 걸린 공을 친다.
>
> 🏌 **중심적 과제** : 공의 비행패턴을 바꾼다.
>
> 🏌 **목표** : 스윙요소를 결정하고, 공의 비행방향에 영향을 준다.

🏌 **구체적 목표** : 파트너가 친 샷을 흉내낸다.

🏌 **조건** : 파트너와 교대로 친다. 첫 사람은 왼쪽에서 오른쪽으로, 혹은 오른쪽에서 왼쪽을 쳐본다. 파트너는 그 샷을 흉내내서 친다. 10구를 친 다음에 리더를 교대한다.

게임에 관한 질의 · 응답

지도자　　　스윙의 어떤 요소가 공이 날아가는 모습에 영향을 준다고 생각합니까?

플레이어　　공이 맞을 때 클럽페이스의 각도, 전방쪽 스윙각도, 스퀘어로 하지 않는 셋업 등입니다.

지도자　　　공이 오른쪽으로(시계방향으로) 휘었을 때 클럽페이스는 어느 쪽을 향해 있었습니까?

플레이어　　오픈페이스가 되어 있었습니다.

지도자　　　공이 왼쪽(반시계방향으로) 휘었을 때 클럽페이스는 어느 쪽을 향해 있었습니까?

플레이어　　클로즈드페이스가 되어 있었습니다.

지도자　　　공이 왼쪽으로 날아갔을 때 클럽은 어떻게 휘둘렀습니까?

플레이어　　아웃사이드 인(outside in)으로 휘둘렀습니다.

지도자　　　공이 오른쪽으로 날아갔을 때 클럽은 어떻게 휘둘렀습니까?

플레이어　　인사이드 아웃(inside out)으로 휘둘렀습니다.

지도자   파트너의 스윙을 어느 정도 흉내낼 수 있었습니까?

플레이어   그다지 많이 흉내내지 못했습니다.

지도자   모두 연습합시다.

❏ **연습과제** : 한 사람이 스윙하면 파트너는 공의 날아가는 모습을 관찰·기록한다. 처음에 친 사람은 오픈페이스의 풀스윙으로 5구를 치고, 그다음 클로즈드페이스로 5구를 친다. 그 후 파트너와 역할을 교대한다. 처음에 친 사람은 (클럽페이스를 스퀘어로 한 채) 클럽페이스를 아웃사이드 인으로 움직인 풀스윙을 5회 하고, 그다음에 (다시 한 번 클럽페이스를 스퀘어로 한 채) 클럽페이스를 인사이드 아웃으로 움직인 풀스윙을 5회한다. 파트너와 역할을 교대한다. 처음에 치는 사람은 오픈페이스로 한 채 아웃사이드 인 스윙을 5회 한다. 그다음에 클로즈드페이스로 하여 5구 친다. 파트너는 공의 비행패턴을 관찰·기록한다. 다시 한 번 파트너와 역할을 교대한다. 처음에 치는 사람은 오픈페이스로 한 채 인사이드 아웃 스윙으로 5구를 친다. 그다음에 클로즈드페이스로 하여 5구를 친다. 파트너와 역할을 교대하여 과제를 반복한다.

❏ **구체적 목표** : 의도적으로 훅샷과 슬라이스샷, 페이드샷을 한다.

도움말

❏ 클럽페이스를 오픈 혹은 클로즈드로 하고 평소대로 클럽을 휘두른다.

❏ 평소의 스윙에서 스윙궤도를 살짝 수정해본다.

❏ 올바르게 셋업하여 클럽의 일량을 늘린다.

조건을 변경한 게임

전술적 과제를 갖는 골프코스를 2~3홀 돈다. 드라이버샷과 롱페어웨이샷에서는 파트너가 미리 공의 비행패턴을 결정한다. 공이 미리 설정한대로 날아가지 못하면 1점의 페널티를 준다. 가능하면 그린 어프로치에 특정 샷이 요구되는 홀[예를 들면 페어웨이가 좁은 도그렉홀(dog leg hall ; 개의 뒷다리처럼 페어웨이가 크게 굽어 있는 홀), 강한 바람이 부는 홀 등]을 선택한다.

제9~10일

🕴 **게임** : 전술적 과제를 갖는 골프코스, 혹은 실제코스를 2~4인 1조로 플레이한다.

> 🕴 **중심적 과제** : 규칙과 에티켓
>
> 🕴 **목표** : 파 혹은 좀더 좋은 스코어로 4~5홀을 돈다.

🕴 **구체적 목표** : 될 수 있는 한 적은 타수로 4~5홀을 돈다.

🕴 **조건** : 그림 4-2를 참조한다.

🕴 **연습과제** : 플레이어들은 종료한 4홀이나 5홀을 각자 분석한다. 플레이어들은 그들의 게임수행능력의 평가에 기반하여 그것들을 문서로 정리한다(드라이버샷, 어프로치샷, 퍼트 등의 기술과 샷의 선택, 샷 전에 정한 루틴, 중간타겟의 선택과 같이 게임 중 플레이 사항).

🕴 **구체적 목표** : 플레이를 개선하거나 점수를 좋게 하기 위해 골프게임을 평가한다.

조건을 변경한 게임

전술적 과제를 갖는 골프코스, 혹은 실제 코스를 2인 1조, 3인 1조, 혹은 4인 1조로 플레이한다. 이때 똑같이 4 혹은 5개의 홀을 될 수 있는 한 적은 타수로 플레이한다.

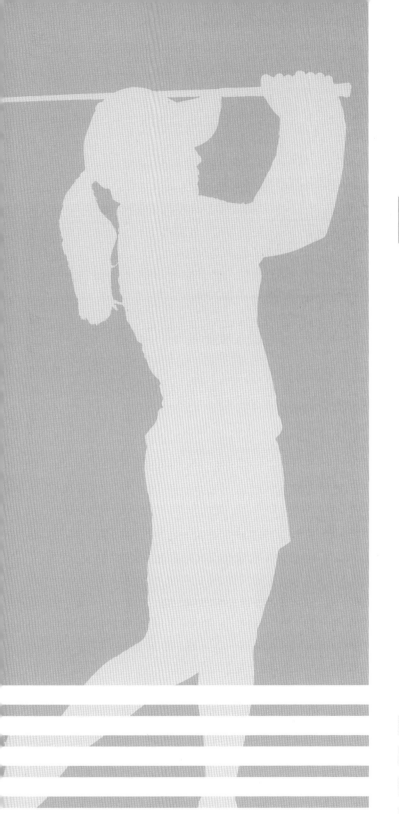

PART 5

골프용어

【가】

가드 guard
사전상의 의미는 방어이다. 골프장에서는 가드 벙커처럼 볼을 치는 방향에 방어적인 위치로 설계된 곳을 뜻한다.

가드 벙커 guard bunker
그린을 감싸는 모양을 한 벙커.

가이딩 포스트 guiding post
티잉 그라운드 앞의 페어웨이가 높아서 그린이 보이지 않을 때, 플레이어가 목표를 잘 설정할 수 있도록 세운 말뚝.

갤러리 gallery
플레이를 관전하는 관람객.

거티 gutty
구타페르카 골프볼을 가리키는 속어로 guttie로 표기되기도 함.

게임 game
경기를 말함. 골프 그 자체를 추상적으로 가리킬 때도 있다.

경기자 competitor
'경기자'란 스트로크 경기를 할 때의 플레이어를 말한다. '동반경기자'란 플레이어(같은 조)와 함께 플레이하는 사람을 말하며, 서로 파트너가 아니다. 그러나 스트로크 플레이에서 두 사람씩 파트너가 되는 포섬 또는 포볼에서는 경기자 또는 동반 경기자라는 말에는 그 파트너를 포함한다.

경사 slope
기울기를 나타내며, 1:4의 경사는 밑변이 1m이고 높이가 4m인 것을 의미한다. 비율경사(1:1=45도)는 1:1보다 더 급경사일 때 비율 경사를 사용한다. 백분율(100%)은 1:1의 경사 이하일 때 사용한다.

고블 gobble
퍼팅을 과감하게 하여 볼을 홀에 넣는 것.

고잉 아웃 going out
전반의 9홀을 말하며, 클럽하우스로부터 출발해 나가는 방향의 홀을 의미한다.

고 투 스쿨 go to school
퍼팅에서 주로 사용되는 용어로, 플레이어의 퍼팅을 유심히 관찰하여 퍼트의 방향과 속도를 파악하는 것.

골든 이글 golden eagle
파보다 3타수 적은 타수로 홀인하는 것.

골프 아키텍쳐 golf architecture
골프설계. 골프 설계자는 골프 아키텍트(golf architect)라고 한다.

골프 코스 golf course
골프경기를 할 수 있게 조성된 경기장으로 정식 코스는 18홀 이상이며, 규정 타수는 70~73타가 일반적이다.

골프 패너틱 golf fanatic
골프에 정신이 빠진 사람, 즉 골프광을 말하며, golf addict라고도 한다.

교체된 볼 substituted ball
인 플레이 볼, 분실구, 아웃 오브 바운드 볼 혹은 집어올려진 원구 대신에 인 플레이하기로 한 볼을 말한다.

구스넥 퍼터 gooseneck putter
샤프트의 L자로 굽은 매듭에 헤드가 거위 목처럼 부착된 퍼터.

구제지점 nearest point of relief
움직일 수 없는 장애물(규칙 24-2), 비정상적인 코스상태(규칙 25-1), 또는 목적 외 퍼팅그린(규칙 25-3)에 의한 방해로부터 벌타 없이 구제를 받을 수 있는 지점을 말한다. 이 지점은 원래 볼이 있는 곳에서 가장 가까운 코스 내의 한 지점으로, 홀에 더 가깝지 않고, 장애물을 피할 수 있는 곳이다.

그라운드 언더 리페어 ground under repair
일시적으로 플레이할 수 없는 코스 내의 지역으로 벌타 없이 볼을 옮겨 드롭할 수 있으며, 볼이 지역 밖에 있어도 플레이어가 그 지역에 서게 되어 플레이에 방해가 된다면 볼을 옮길 수 있다.

그래스 벙커 grass bunker
모래는 없고 풀만 있는 벙커.

그래스 커터 grass cutter
처낸 볼이 낮게 직선으로 잔디 위를 스치듯 날아가는 것. 힘 있게 굴러 튀어가는 것.

그래파이트 graphite
탄소실을 사용한 클럽 샤프트의 재료.

그랜드 슬램 grand slam
원래는 압승 또는 대승을 뜻하는 말이다. 골프에서는 가장 권위있는 대회 4개를 4대 메이저대회라고 하는데, 이 4개 대회를 한 해에 동시에 석권하는 것을 그랜드 슬램이라고 한다. 4대 메이저대회는 마스터즈, 브리티시 오픈, US 오픈, PGA 챔피언십 대회를 말한다.

그레인 grain
잔디 잎이 낮게 옆으로 자라 소용돌이 모양을 형성하며 깎으려 해도 깎이지 않은 상태. 그레인이 많은 곳은 관수를 해도 물이 흙 속으로 침투하기보다는 다른 곳으로 흘러가기 쉽다.

그로스 gross
핸디캡 수를 계산하지 않은 실제의 타수. 토탈이라고도 한다.

그루브 groove
축음기판의 홈을 의미한다. 골프에서는 스윙의 올바른 궤도 또는 골프클럽의 타면에 새겨진 홈(스코어링)도 그루브라고 한다. 골프 부속규칙에, 그루브를 규제하는 이유는 볼에 지나치게 스핀을 걸지 못하게 하기 위해서다.

그리니즈 greenies
파 3홀에서 티샷을 그린에 가장 가깝게 붙인 사람에게 일정 금액을 주는 내기경기.

그린 green
깃대와 홀컵이 있는 곳으로 잔디를 짧게 깎고 잘 다듬어 놓고 퍼팅을 하는 지역.

그린 섬 green some
4인이 플레이할 때 2인씩 1조가 되어 티잉 그라운드에서 각자의 볼로 티샷을 하여 그 중 유리한 위치의 볼을 선택하여 플레이하는 경기방식.

그린 자켓 green jacket
우승자를 비유할 때 쓰는 말로 마스터즈대회의 우승자에게 녹색 상의를 입혀 주는 것에서 유래.

그린 키퍼 green keeper
코스를 정비하는 사람.

그린 피 green fee
골프장 입장요금.

그립 grip
클럽 샤프트의 손잡이로 가죽이나 고무로 감겨져 있는 부분 또는 샤프트를 쥐는 동작.

글래스 파이버 glass fiber
유리를 가늘게 실 모양으로 뽑은 섬유로서, 골프클럽 샤프트의 강도를 높이는 보조재로써 이용된다.

기브 업 give up
스트로크 플레이에서는 경기 자체, 매치 플레이에서는 해당 홀을 포기하는 것

기어 이펙트 gear effect
볼을 쳤을 때 스위트 스포트에서 어긋나 타면과

볼이 톱니바퀴끼리 얽힌 것 같은 상태가 되어 역회전이 걸리는 것을 말한다. 앞쪽으로 어긋나면 훅 회전이 되고, 뒤쪽으로 어긋나면 슬라이스 회전이 된다.

긴티 ginty
그립이 용이하도록 V자형 바닥판을 첨부하여 최근에 새로이 보완된 우드클럽.

김미 gimme
OK와 같은 의미로, 아주 짧은 거리의 퍼팅에 대하여 홀인한 것으로 인정을 구하는 행위.

깃대 flagstick
홀의 위치를 표시하기 위하여 기 또는 이와 유사한 물건을 달거나 또는 달지 않은 채 홀의 중심에 꼿꼿이 세운 움직일 수 있는 표식이다. 깃대의 단면은 원형이어야 한다. 볼의 움직임에 부당한 영향을 줄 수 있는 패팅이나 충격흡수물질의 사용은 금지한다. 멀리서 홀의 위치를 알 수 있도록 홀컵에 꽂는 막대. 핀이라고도 함.

【나】

나소 nassau
18홀 라운드를 인, 아웃, 전체의 3부분으로 나누어 매치 플레이를 하여 각각의 승자가 1점을 획득하는 내기게임.

나이스 샷 nice shot
근사한 샷으로 뷰티풀 샷, 파인 샷이라고도 한다.

나인틴스 홀 19th hole
플레이를 마치고 느긋한 마음으로 맥주나 커피를 마시는 장소

내로 블레이드 narrow blade
페이스 폭이 좁은 아이언.

내셔널 오픈 national open
공식적으로 거행되는 전국적 오픈선수권대회.

내츄럴 골퍼 natural golfer
천부적 재능을 가진 골퍼를 가리키는 말로, 어릴 때부터 체계적인 골프 수업을 받은 사람.

내츄럴 그립 natural grip
야구배트를 쥐듯이 그립을 잡는 방법으로, 열 손가락으로 그립하는 것. 일명 베이스 볼 그립이라고도 함.

네버 업 네버 인 never up never in
"홀에 오지 않는 볼은 결코 홀에 들어가지 않는다"는 뜻의 퍼팅을 위한 교훈으로, 짧은 퍼팅보다는 거리가 약간 남게 퍼팅하라는 말임.

네트 스코어 net score
한 홀이나 라운드의 총타수에서 핸디캡 스트로크를 뺀 스코어.

넥 neck
클럽헤드와 샤프트가 연결되는 부분.

넥 셀 neck cell
네트와 샤프트의 접합부에서 사용되는 셀룰로이드 덮개. 때로는 동선으로 말거나 스틸제를 사용하기도 한다. 아무리 무거워도 3g 정도가 한도이다. 페룰(ferule)이라고도 한다.

노 리턴 no return
플레이어가 경기를 포기하고 스코어 카드를 제출하지 않는 것.

노즈 nose
골프클럽 헤드의 맨 앞. 토우(toe)라고도 한다.

니 나커 knee-knocker
플레이어가 심리적 부담을 가지게 되는 2~4피트 떨어진 퍼팅.

니블릭 niblick
9번 아이언.

니 액션 knee action
볼에 최대한의 체중을 싣기 위해 양 무릎을 이동하는 방법.

니어 핀 near pin
누구의 볼이 핀에 가까운가를 다투는 경기. 숏홀에서 행해지는 경우가 많다. 프로의 토너먼트에서는 제2타 니어 핀(파 4홀)이나 제3타 니어핀(파 5홀)도 있다.

니커 보커 knicker bocker
초창기 골프용 바지로 무릎 아래 부분이 좁게 조여 있는 형태의 바지.

【다】

다운 down
경기 중 상대편에 뒤지고 있는 상황을 말함.

다운 블로 down blow
볼을 치기 위한 스윙의 단계 중 뒤로 올려진 상태에서 볼을 치기 위해 내려오는 과정을 통칭.

다운 스윙 down swing
클럽이 아랫방향으로 볼까지 움직이는 스윙 부분.

다운 힐 라이 down hill lie
볼이 내리막 경사에 위치하고 있는 상태.

다이너마이트 dynamite
샌드웨지의 별칭

다이렉트 direct
'직접'이라는 의미. 친 볼이 나무에 맞았을 때는 '나무에 다이렉트로 맞았다'고 한다. 또, 볼이 그린 밖에서 직접 홀인했을 때 다이렉트 또는 홀인이라고도 한다.

다잉 퍼트 dying putt
볼이 홀컵 가까이에 이르러 볼의 속도가 줄어서 컵 속으로 들어가거나 컵의 근접 지역에 멈추도록 하는 퍼팅.

댄스 플로어 dance floor
티잉 그라운드와 그린 사이의 잔디가 잘 깎인 지역으로 볼을 착지시키기 좋은 곳을 말한다.

더블 보기 double bogey
한 홀에서 파보다 2타수 많은 스코어.

더블 이글 double eagle
한 홀에서 파보다 3타수 적은 스코어로, 알바트로스와 같은 말.

더퍼 duffer
볼의 뒤땅을 치는 사람이란 말로, 초보자인 비기너와 같은 뜻.

더퍼즈 딜라잇 duffer's delight
초보자가 무리 없이 사용할 수 있는 5번 아이언.

더프 duff
타구 시 볼을 정확히 맞추지 못하고 볼의 뒤땅을 치는 것.

더프샷 duff shot
골프공보다 뒤쪽의 땅을 먼저치는 스윙.

덕 훅 duck hook
스냅 훅(snap hook)이라고도 하며, 마치 오리의 목처럼 오른쪽에서 왼쪽으로 심하게 곡선을 그리는 낮은 샷. 악성 훅이다.

던치 샷 dunch shot
발이 빠지는 모래구덩이에서 볼을 칠 때 퍽(dunch) 소리가 나는 짧은 샷을 말하며, 이것은 폴로스루가 거의 없음.

덥 dub
미스 샷을 한 경우, 또는 실수를 한 경우.

데드 dead
홀에 아주 가까워서 다음 퍼팅에서 넣을 수 있는 볼로 매치 플레이에서는 이런 볼에 기브를 줌.

데드 리스트 dead wrist
손목을 코킹하지 않는다는 의미이며, 일반적으로 그린 주위에서 어프로치샷을 할 때 사용한다.

도그 렉 dog leg
개다리처럼 페어웨이가 왼쪽 또는 오른쪽으로 굽은 홀을 말함.

도미 dormy
매치 플레이에서 이긴 홀수와 남은 홀수가 같을 때.

도트 dot
볼 표면에 붙어 있는 표지.

듀얼 웨지 dual wedge
듀얼은 '2중, 2개'의 뜻. 피칭웨지와 샌드웨지 양쪽으로 사용할 수 있는 웨지를 말한다. 흔히 11번 아이언이라고도 말한다. 50~60 야드 정도의 어프로치나 벙커샷에 적합하다.

드라이버 driver
1번 우드로 클럽세트 중에서 가장 파워가 큰 클럽이다. 티에서 최대한의 거리를 내기 위해 사용한다.

드라이브 drive
1번 우드나 드라이브로 하는 티샷.

드라이빙 디스턴스 driving distance
드라이버로 볼을 쳐서 멈춘 지점까지의 거리.

드라이빙 레인지 driving range
드라이브를 칠 수 있는 약 200야드가 넘는 실외 연습장.

드라이빙 아이언 driving iron
헤드가 무겁고 로프트가 매우 작아 장타를 칠 때 주로 사용하는 손잡이가 긴 아이언.

드로 draw
훅처럼 심하진 않으나 오른쪽에서 왼쪽으로 가볍게 휘는 샷.

드롭 drop
경기 중 볼을 잃어버렸거나 경기가 불가능한 위치에 볼이 놓였을 때 규정에 따라 경기가 가능한 위치로 볼을 옮겨 놓거나 새로운 볼을 다시 놓는 것으로, 플레이어는 똑바로 서서 어깨 높이로 팔을 뻗어서 핀에 가깝지 않게 볼을 떨어뜨리고, 드롭할 때는 반드시 규칙에 의거 또는 집행부의 허락을 받아야 한다. 이 제도는 볼을 치기 좋은 위치를 제공하기 위하여 규정된 것이나 오히려 더 나쁜 위치에 떨어질 가능성도 있으니 신중하게 해야 한다.

드롭 힐 drop heel
골프클럽의 윗부분 능선(아이언 최상단의 라인)이 맨 앞에서 맨 뒤로 향해 심한 각도로 내려 간 타입. 맨 앞쪽으로 비중이 쏠려 있기 때문에 슬라이스를 막기 좋다.

드리블 퍼트 dribble putt
원래의 뜻은 '뚝뚝' 흘리는 것. 퍼팅 때 숏퍼팅을 계속하는 것으로 더없이 나쁜 퍼팅을 말한다.

디깅 digging
골프에서 타구 시 잘못쳐서 클럽헤드로 볼의 후방 땅을 파는 것.

디봇 divot
스윙 시 클럽헤드에 맞아 패여진 잔디의 파편 또는 자국.

디센딩 블로 descending blow
스윙 호의 최저점 직전에 볼을 맞히는 타격방법으로, 다운 블로와 유사한 방법.

디스퀄리파이 disqualify
규정 외의 부정행위나 투어에서 규정된 성적 이하로 플레이의 자격을 박탈당하는 것.

디스크 disque
핸디캡을 받을 때 자신의 마음에 드는 홀을 선택

할 수 있는 경기방식.

디스턴스 distance

거리. 티에서 그린까지의 거리를 디스턴스라고 한다.

디시전 decision

제정 규칙의 이의나 논쟁에 대한 결정.

디폴트 default

기권. 'DF'라고 쓴다.

디플렉션 보드 deflection board

샤프트의 경도를 측정하는 기구. 샤프트의 그립 쪽을 고정시키고 맨 앞에다 일정한 추를 달았을 때 그 휘는 상태를 눈금으로 잰다.

딜레이드 히트 delayed hit

임팩트 직전까지 손목이 클럽헤드를 이끌어가는 리듬으로 이루어지는 샷.

딤드 투 무브 볼 deemed to move ball

움직였다고 인정되는 볼.

딤플 dimple

볼 표면에 파인 분화구 형태의 홈. 이것은 볼을 떠올리는 힘이나 방향을 잡아 비행하는 데 크게 작용한다. 딤플은 약 400~500여 개인데, 만약 볼에 딤플이 없으면 볼 뒤에서 공기의 소용돌이가 생겨서 속도가 저하된다.

【라】

라스트 골 last goal

일년 중 맨 마지막으로 열려 시즌을 종료하는 경기.

라운더스 rounders

볼과 홀 사이에 있는 캐주얼 워터를 피하기 위해 홀로부터 동일한 거리를 유지한 채 그린의 왼쪽 또는 오른쪽으로 볼을 옮기는 것.

라운드 round

코스의 18홀을 플레이하는 것을 뜻하며, 9홀만 플레이하는 것을 하프 라운드(half round)라고 한다.

라이 lie

낙하된 볼의 위치나 상태 또는 클럽헤드와 클럽 샤프트의 각도.

라이 각 lie angle

골프클럽을 어드레스했을 때, 샤프트와 선과 지면과의 사이에 새겨지는 뒤쪽의 각도. 플레이어마다 가장 적합한 라이 각도가 있으며, 그보다도 각도가 크다면 수직적이고, 작다면 평면적이라고 한다. 너무 수직적이 되면 볼이 좌측으로 꺾어 나가기(훅) 쉽고, 너무 평면적이면 우측으로 날아가기(슬라이스) 쉽다.

라이크 like

두 사람의 골퍼가 낸 타수가 같게 됐을 때를 말한다. '올 스퀘어 이븐'과 같은 말이다.

라인 line

목표물에 볼을 보내기 위해 정해 놓은 송구선.

라인 업 line up

퍼팅할 때 볼과 홀을 연결하는 선을 눈으로 정하는 것.

라인 오브 플라이트 line of flight

비구선. 볼의 위치에서 목표점을 연결한 직선과 연장의 가상선.

래그 lag

퍼팅할 때 다음 퍼팅으로 확실히 홀인할 수 있는 가까운 거리에 볼을 근접시킬 목적으로 제1퍼팅을 하는 것.

래터럴 모션 lateral motion

백스윙 때는 스윙할 때 몸의 중심을 비구선 방향을 향해 뒷발에 두고, 다운스윙 때는 앞발로 옮긴다. 즉 허리 옆으로 이동시키는 동작으로 래터 럴 무브먼트라고도 한다.

래터럴 시프트 lateral shift
포워드 스윙 때 몸의 회전에 의해 이루어지는 체중과 관련된 움직임.

래터럴 워터 해저드 lateral water hazard
워터 해저드 또는 그 일부로써 규칙 26-1b에 따라 볼이 해저드의 경계선을 최후에 넘어간 점과 홀과의 선상 후방에 볼을 드롭하기가 불가능하거나 위원회가 그렇다고 인정한 위치의 워터 해저드나 그 일부를 말한다. 래터럴 워터 해저드로서 플레이해야 되는 워터 해저드의 부분은 명백히 표시되어야 한다. 볼이 래터럴 워터 해저드 안에 놓여 있거나 볼의 일부라도 래터럴 워터 해저드에 접촉하고 있으면 래터럴 워터 해저드 안의 볼이다. 래터럴 워터 해저드를 정하기 위하여 사용하는 말뚝이나 선은 적색이어야 한다. 래터럴 워터 해저드를 정하기 위하여 말뚝과 선 양쪽을 모두 사용할 경우, 말뚝은 래터럴 워터 해저드임을 표시하고 선은 그 한계를 정한다. 위원회는 래터럴 워터 해저드로 지정된 환경보호구역에서의 플레이를 금지하는 로컬 룰을 제정할 수 있다. 위원회는 워터 해저드를 래터럴 워터 해저드로 지정할 수 있다.

러너 업 runner-up
우승자 다음의 차점자.

러닝 어프로치 running approach
어프로치 샷의 한 방법으로 비교적 로프트가 적은 아이언으로 볼을 멀리 굴려서 홀에 접근시키는 것.

러트 아이언 rut iron
바퀴자국이나 발자국에 놓인 볼을 치기 위해 개발된 클럽헤드가 짧은 클럽.

러프 rough
그린 및 해저드를 제외한 코스 내의 페어웨이 이외의 지역으로 풀이나 나무가 무성한 곳.

럽 오브 더 그린 rub of the green
움직이는 볼이 국외자에 의해 정지되었거나 방향이 바뀐 경우 및 그 행위. 즉 움직이고 있는 볼이 국외자에 의하여 우연히 방향이 변경되거나 정지된 경우를 말한다(규칙 19-1 참조).

레귤러 티 regular tee
일반 남성을 위한 티잉 그라운드로 후방은 백 티, 전방은 프론트 티가 있음.

레이디스 티 ladies tee
붉은 티 마크로 표시되는 여성전용 티잉 그라운드.

레이 아웃 lay out
코스의 전반적인 설계.

레이 업 lay up
직접 승부를 거는 것이 아니고 한 단계를 더 쳐서 안전하게 그린을 공략하는 전법

레퍼리 referee
위원회에서 임명된 심판원.

레프트 핸디드 골퍼 left handed golfer
왼손잡이 골퍼로 '레프티'라고도 한다.

렝스 length
거리.

로 사이드 low side
경사진 그린에서 홀보다 낮은 지역.

로브 lob
높게 천천히 날아가는 타구로 백 스핀과 추진력이 적은 볼로 그린에 떨어진 뒤 굴러가지 않음.

로스트 볼 lost ball
경기 중 잃어버린 볼.

로스트 홀 lost hole
패배한 홀. 매치 플레이를 할 때 쓰임.

로컬 날리지 local knowledge
해당 코스의 지형적·자연적 조건, 특수성을 알고 있는 것.

로컬 룰 local rule
개별 골프장이 자체적으로 정한 규칙. 즉 특수조건을 고려하여 곤란에 빠진 선수를 구제하기 위하여 특별히 정한 규칙

로테이션 rotation
임팩트 직전의 손목 움직임으로, 움직이는 정도에 따른 클럽헤드의 움직임이 임팩트시 페이스 각을 결정함.

로프트 loft
클럽 페이스의 각도 또는 경사.

로프트 게이지 loft gage
1900년대 초기에 미국인 로버트 아담이 고안한 세계 최초의 스윙 웨이트 계측기. 그립 끝에서 14인치를 지점으로 하는 계측법인데, 밸런스 표시를 A, B, C, D 4단계로 구분한 것이다.

론 lawn
잔디. 짧게 깎은 초지.

론섬 lonesome
고독한 사람. 혼자서 코스를 플레이하는 골퍼.

롤 오버 roll over
스윙의 피니시가 끝나자마자 양손을 얼굴이나 가슴 앞으로 급하게 끌어오는 것.

롱 아이언 long iron
일반적으로 1, 2, 3번 아이언을 말하며, 샤프트가 길고 로프트가 낮아 다루기가 힘든 반면 비거리가 길다.

루스 그립 loose grip
그립을 꽉 잡지 않고 스윙하거나 그 형태를 부르는 말. 피콜로 그립(piccolo grip)이라고도 하며, 스윙 도중에 그립을 잡은 손가락의 힘이 빠지면서 그립을 꽉 잡지 못하는 경우. 특히 스윙 중에 왼손의 새끼손가락과 약지손가락이 풀어져 손가락이 루스 그립의 원인이 되기도 한다.

루프 loop
스윙의 탑 동작에서 지나치게 클럽을 젖힌 나머지 클럽이 볼의 뒤에까지 오는 스윙동작.

룩 업 look up
헤드업과 같은 의미로, 볼을 친 순간에 얼굴을 들어 눈이 볼에서 떨어져 목표방향을 보는 것.

룰 rule
경기규칙. 현 골프규칙은 R&A와 USGA에서 공동으로 영문으로 규칙을 재정한다.

리더 보드 leader board
스코어 보드와는 별도로 파를 기준으로 각 경기에서 선두그룹 선수들의 성적을 표시하는 게시판. 이것은 원래 매스터즈 토너먼트가 개최하는 어거스타 내셔널 골프코스에서 적색과 녹색으로 각기 오버와 언더파를 게시했던 것에서부터 비롯되었다.

리딩 더 그린 reading the green
퍼팅할 때 홀컵으로 가는 라인을 선택하는 것.

리딩엣지 leading edge
클럽페이스의 가장 아랫부분과 손이 만나는 선.

리마인더 그립 reminder grip
골프클럽의 그립에서 왼쪽 손바닥이 닿는 부분이 단단히 쥘 수 있도록 평평하게 된 것.

리브 잇 leave it
홀컵의 깃대 주위에 있는 캐디나 플레이어에게 다음 플레이어가 퍼팅을 할 수 있도록 그 지역에서 벗어나라는 말.

리스트 턴 wrist turn
손목을 돌리는 것으로, 임팩트 후에 손목의 움직임만 너무 의식하면 미스 샷의 원인이 된다.

리커버리 샷 recovery shot
나쁜 샷을 만회하기 위해 잘 치는 샷.

리콕 recock
임팩트에서 원심력에 의해 한 번 펴진 손목이 폴로스윙에서 다시 한번 90도로 돌아가는 것.

리콜 recall
규정을 위반한 경쟁자에게 수정을 요구하는 것.

리페어 repair
페어웨이에서는 잔디자국, 벙커에서는 모래자국, 그린에서는 볼이나 발자국 등을 원상태로 수리하는 것.

리프트 앤 클린 lift and clean
볼이 페어웨이에 박혔거나 진흙에 빠졌을 때 볼을 들어올려 닦는 것.

리플레이스 replace
그린 위에서 볼을 깨끗이 닦기 위해서 주웠다가 원래 있던 자리에 다시 놓는 것.

릴리스 release
내리치는 손의 힘을 빼고 임팩트의 헤드 스피드를 가속시키는 동작.

릴리스 포인트 release point
릴리스 효과가 최대가 되는 지점.

릴리프 relief
해저드나 방해물의 영향을 받고 있는 볼을 드롭하는 지점.

립 lip
홀의 가장자리

【마】

마스터즈 masters
1943년 어거스티 내셔널 토너먼트 초청경기로 시작한 최초 · 최장수 토너먼트 경기. 로버트 존스의 제안으로 골프의 명수(masters)가 되자는 뜻에서 마스터즈라고 불리게 되었다.

마운드 mound
코스 안에 있는 동산, 둔덕, 흙덩어리 등 볼을 멋게 하거나 아웃 홀과의 구별을 위해 전략적 견지에서 만든 것.

마커 marker
스트로크 플레이 때 경기자의 스코어를 기록하도록 위원회가 임명한 사람이며, 동반경기자가 마커가 될 수 있다. 마커는 심판원이 아니다. 볼을 집어들 때 볼의 위치를 표시하기 위해 쓰는 동전이나 표식을 마커라고 하기도 한다.

마킹 marking
골프에서 마킹은 두 가지의 뜻이 있는데, 첫째는 스탬핑(stamping)이라고도 하며 골프클럽에 새겨진 글자나 전사 등의 마크를 붙이는 것이다. 둘째 플레이 중에 볼을 마킹하는 것으로, 부속규칙에서 자세하게 규정하고 있다.

매니저 manager
골프장 지배인. 프로골퍼의 비즈니스를 관리하는 사람.

매시 mashie
5번 아이언 정도의 로프트를 갖는 클럽

매시 니블릭 mashie niblick
7번 아이언의 초창기 이름.

매치 플레이 match play
2인 또는 2팀 간의 경기로 각 홀에서 낮은 스코어를 기록한 팀이 그 홀을 이기는 것이며, 많은 홀을 이긴 쪽이 승리하는 경기방식.

매치 match
경쟁상대 또는 경기 그 자체를 말한다. 골프에서는 매치 플레이를 가리킨다. 또한 '잘 조화된다', '어울린다'는 것을 '매치한다'고 할 때도 있다.

- 싱글 매치 : 한 사람이 다른 한 사람에 대항하여 플레이하는 매치를 말한다. 즉 1명 대 1명의 매치이다.
- 스리섬 매치 : 한 사람이 다른 두 사람에 대항하여 플레이하는 매치를 말한다. 즉 1명의 플레이어가 다른 2명에 대항하여 각 사이드가 1개의 볼을 플레이하는 매치이다.
- 포섬 매치 : 두 사람이 다른 두 사람에 대항하여 플레이하며, 각 사이드는 1개의 볼로 플레이하는 매치를 말한다. 즉 2명이 2명에 대항하여 각 사이드가 1개의 볼을 플레이하는 매치이다.
- 스리볼 매치 : 세 명이 서로 대항하여 각자의 볼을 플레이하며, 각 사이드는 1개의 볼로 플레이하는 매치를 말한다. 즉 3명이 서로 대항하되, 각자의 볼로 플레이하는 매치이다.
- 베스트볼 매치 : 한 사람이 다른 두 사람 중 스코어가 더 좋은 사람과 대항하거나 다른 세 사람 중 스코어가 가장 좋은 사람과 대항하여 플레이하는 매치를 말한다. 즉 1명의 플레이어가 2명 또는 3명으로 된 사이드에 대항하여, 2명 이상의 사이드는 각자의 볼을 플레이하되, 그 중 좋은 스코어를 그 사이드의 스코어로 하는 매치이다.
- 포볼 매치 : 두 사람 중 스코어가 더 좋은 사람이 다른 두 사람 중 스코어가 더 좋은 사람에 대항하여 플레이하는 매치를 말한다. 즉 2명이 2명에 대항하여 각 플레이어는 각자의 볼을 플레이하며, 각 홀마다 그 사이드의 적은 스코어를 그 사이드의 스코어로 하는 매치이다.

먼슬리 컵 monthly cup
클럽의 월례경기 또는 그 우승자에게 주어지는 컵을 말한다.

멀리건 mulligan
처음 샷이 잘못되어 벌타 없이 주어지는 티샷.

메달리스트 medallist
스크래치 플레이에서 스코어가 가장 적은 사람에게 주어지는 호칭.

메달 플레이 medal play
스트로크가 가장 적은 플레이어가 이기는 경기로, 스트로크 플레이라고도 함.

메이크 더 컷 make the cut
토너먼트 경기에서 경기성적이 저조한 플레이어를 탈락시키는 것.

멘탈 게임 mental game
골프경기는 심리적 영향을 많이 받으므로 정신적 경기라고 한다. 골프스윙의 약 80% 정도는 정신적이고, 약 20%는 기술적이라는 말도 있다.

멘탈 사이드 mental side
심리면. 골프스윙은 기술 이외에 심리적인 작용이 크게 영향을 미친다.

멘탈 해저드 mental hazard
아무리 해도 빠져나가기 힘든 심리적인 장애물. 대부분 어려운 벙커나 워터 해저드에 오면 노이로제처럼 샷이 잘 되지 않는 지역을 말한다.

몰 버로 mole burrow
두더지의 구멍. 규칙에서는 벌타 없이 드롭할 수가 있다.

미니어처 골프 miniature golf
퍼팅을 중심으로 한 작은 코스. 퍼터 코스에서 벌이는 골프. 보통 연습장의 부대시설로 만들어 놓는 경우가 많다.

미드 매시 mid mashie
4번 아이언.

미드젯 킬러 midget-killer
지면으로 볼을 낮게 날리는 드라이버.

미들 홀 middle hole
230~430m의 홀, 여자는 193~360m.

미디엄 아이언 medium iron
미들 아이언으로 4, 5, 6번 아이언.

미디엄 홀 medium hole
정확하게는 중간쯤의 홀을 말하며, 꼭 파 4의 홀을 말하는 것은 아니다.

미스 더 컷 miss the cut
토너먼트에서 본선진출에 실패하는 것으로 "컷 오프를 통과하지 못했다"고 한다.

믹스트 포섬 mixed foursomes
투 볼 포섬과 같지만, 남녀혼합 4인이 하는 경기.

【바】

바나나 볼 banana ball
오른손잡이가 칠 때 왼쪽에서 오른쪽으로 휘는 샷. 슬라이스의 속어. 즉 마치 볼을 깎아서 치는 것으로 마치 바나나모양처럼 크게 굽은 슬라이스.

바든 그립 Vardon grip
영국의 해리 바든(Harry Vardon, 1870~1937)에 의해 창안된 오버래핑그립의 별칭으로 'V자 그립'이라고도 함.

바로 borrow
경사진 그린에서 홀의 오른쪽 또는 왼쪽으로의 경사에 의해 거리가 좌우될 때 비탈 정도를 보충하고 홀에 적당한 퍼팅 곡선으로 가도록 하는 정도. 발 또는 인치로 그 정도를 파악하는 것.

바운스 bounce
튀다, 팅기다, 바운드시키다라는 뜻.

바운스 솔 bounce sole
아이언 헤드의 밑바닥을 이루는 모양의 한 가지.

샌드웨지의 밑바닥 같은 모양이다. 밑바닥의 리딩에지(앞면의 날)보다도 트레이딩에지(뒷면의 날)가 더 밑으로 내밀어져 있고, 잔디나 모래를 쳤을 때 잘 튀도록 되어 있다.

바이트 bite
볼에 강한 백 스핀을 걸어 낙하 후 곧바로 멈추게 하는 것.

배드 럭 bad luck
운이 없는 것. 하드 럭이라고도 한다. 상대편의 볼이 운이 없다 싶게 튀어구르거나 휘어나갔을 때 '배드 럭'이라고 표현하기도 한다.

배피 baffy
4번우드. 공을 높이 쳐올리는 목제 클럽.

백 bag
자루. 골프클럽을 넣는 캐디백, 일용용품·의류 등을 담은 보스턴 백 등.

백 나인 back nine
18홀 라운드 중 후반 9홀. 대부분의 골프코스는 18홀이며, 첫번째 9홀은 클럽하우스로부터 곧바로 펼쳐져 있다. 그리고나서 플레이어는 방향을 바꿔 다시 돌아 들어온다. 백 나인은 이때 방향을 바꾸어 돌아들어오는 코스를 말한다.

백 스윙 back swing
클럽을 후방으로 들어올리는 동작. 좋은 스윙의 약 70% 정도가 백스윙에서 결정된다. 좋은 백스윙은 스윙축을 유지하면서 '코킹'과 상·하체를 마치 용수철처럼 꼬는 동작인 '콜링'이 있어야 한다.

백 스핀 back spin
역회전 또는 언더스핀이라고도 한다. 백 스핀은 볼을 떠오르게 하고 그린에서 딱 멈추게 하는 데 중요한 역할을 한다.

백 스핀 매시 back spin mashie
나무로 된 헤드클럽으로 5번 아이언 로프트이

며, 표면에 깊숙히 파인 홈이 있음.

백 웨이트 back weight
우드클럽의 뒷부분에 부착되어 있는 금속성의 추. 사이드 메탈, 사이드 솔이라고도 한다. 중심의 심도가 크기 때문에 볼을 잘 띄울 수 있다.

백 카운트 back count
순위가 동일한 경우 우승자를 가리는 방법으로, 후반부에 가중치를 두어 승리자를 판단하는 것.

백 티 back tee
티잉 그라운드의 가장 뒤쪽에 있는 티로, 코스의 정규 거리는 이 '백 티'에서 계산되며, 챔피언 티라고도 함. 프론트 티보다 약 5~6야드 뒤쪽에 있다.

버디 birdie
한 홀에서 파보다 1타수 적은 스코어.

버트 butt
사전상의 의미는 굵은 쪽의 맨 앞이라는 뜻이다. 골프클럽의 경우 그립쪽의 샤프트 맨 앞을 말한다.

버트 다이어 butt dia
샤프트 몸통의 그립쪽을 가리키는 말인데, 제조업체와 경도에 따라서 제각기 다르다.

버튼 섹션 button section
샤프트 끝쪽의 그립을 끼우는 공간.

버튼 훅 button hook
홀을 향해 가볍게 친 볼이 한쪽 면을 치고 그 주위를 돌다가 홀의 앞쪽 가장자리로부터 다시 튕겨와 플레이어에게 되돌아오는 것.

버피 buffy
4번 우드로서 로프트는 14도 전후, 길이는 40인치 전후가 기준.

벌타 penalty stroke
규칙에 따라 플레이어 또는 사이드의 스코어에 부과되는 스트로크를 말한다. 스리섬과 포선에 있어서의 벌타는 플레이의 타순에 영향을 주지 않는다.

범프 앤드 런 bump and run
뱅크 샷(bank shot)이라고도 하며, 볼이 그린 주변의 언덕에 맞으면서 앞으로 튀고 속도가 줄어드는 것.

벙커 bunker
벙커는 대개의 경우 오목한 지역으로 풀과 흙이 제거되고 그 대신 모래 또는 모래와 같은 것을 넣어서 지면에 조성한 구역으로 된 해저드이다. 떠낸 잔디를 쌓아 올린 면(풀로 덮여 있거나 흙만 있거나를 불문하고)을 포함하여 벙커의 지면 가장자리 또는 벙커 안에서 풀로 덮여 있는 지면은 벙커의 일부가 아니다. 풀이 덮여 있지 않은 벙커의 측면이나 벙커의 턱은 벙커의 일부이다. 벙커의 한계는 수직 아래쪽으로 연장될 뿐 위쪽으로는 아니다. 볼이 벙커 안에 놓여 있거나 볼의 일부라도 벙커에 접촉하고 있을 때에는 벙커 안의 볼이다. 주위보다 깊거나 표면의 흙을 노출시킨 지역 또는 모래로 되어 있는 장애물로 크로스 벙커, 사이드 벙커, 그린 벙커가 있음.

벙커 레이크 bunker rake
벙커샷 자국을 없애기 위한 연장이나 고무래.

벙커 샷 bunker shot
벙커 안에 떨어진 볼을 그린이나 페어웨이로 쳐내는 타법.

베리드 라이 buried lie
볼이 모래에 깊숙이 박혀서 계란프라이처럼 보이는 경우.

베벨 솔 bevel sole
클럽의 밑바닥 모양. 아이언의 경우 맨 앞쪽과 끝쪽의 밑바닥이 리딩에지를 중심으로 양쪽이 똑같이 경사져 있는 모양. 우드의 경우에는 맨 앞쪽과 끝쪽이 크게 깎여진 상태로 타면에서 보아 밑바닥이 지붕모양으로 경사져 있다.

베스트 볼 best ball
4명이 2인씩 한 조가 되어 둘의 좋은 점수를 조의 득점으로 하는 경기. 골프에서는 보통 최소타수의 볼을 베스트 볼이라고 한다.

베스트 볼 매치 best ball match
1인이 2인 이상의 사이드와 대항하여 상대방 사이드의 각 홀의 최소타를 얻은 사람과 대항하는 것을 말한다. 즉 팀 선수들의 각 홀마다의 성적 중 가장 좋은 스코어만 집계하여 최종점수를 환산하는 방식.

베스트 볼 앤 애그리게이트 best ball and aggregate
포볼 매치인 경우로 전 홀에서 최고 성적을 낸 플레이어와 최저 성적을 낸 플레이어를 1조로 하는 방식.

베어 그라운드 bare ground
잔디나 풀이 나지 않는 곳으로 흙이 드러나 있는 곳.

베어 패치 bare patch
맨땅. 베어 그라운드라고도 한다. 잔디가 드물어서 땅이 드러난 부분. 해저드가 아니어서 구제가 안 되므로 그대로 쳐야 한다.

베이스볼 그립 baseball grip
텐 핑거 그립(ten finger grip)이라고도 하며, 야구방망이를 잡듯이 하는 그립.

베일 아웃 bail out
베일(bail)은 보증한다는 뜻으로 골프에서는 긴 거리를 퍼트해서 홀컵에 넣고 그 홀의 패배를 면하는 것.

벳 bet
승부 또는 도박을 말한다.

보기 bogey
한 홀에서 파보다 1타수 많은 스코어.

보기 플레이어 bogey player
1라운드 90타 전후의 골퍼로 애버러지 골퍼라고도 함.

보빙 bobbing
백 스윙보다 다운 스윙에서 원호의 중심을 낮추는 것.

본 bone
골프클럽의 헤드를 보호하는 데 사용하는 상아. 현재의 금속제 sole plate에 해당한다.

볼 ball
볼의 중량은 45.93mg보다 무겁지 않고, 직경은 42.67mm보다 적지 않고, 비행속도는 초속 76.2m(250feet)를 초과하여서는 안 된다.

볼 인 플레이 ball in play
볼은 플레이어가 티잉 그라운드에서 스트로크를 하면 곧 '인 플레이'가 된다. 그 볼은 분실되거나 아웃 오브 바운드이거나 집어올렸거나 혹은 다른 볼로 교체되었을 경우를 제외하고 홀 아웃될 때까지 인 플레이 상태를 지속한다. 그러나 교체구는 그러한 볼의 교체가 허용되든지 안 되든지에 상관없이 교체된 볼이 인 플레이의 볼이 된다. 플레이어가 한 홀의 플레이를 시작하거나 잘못을 시정하려고 할 때 티잉 그라운드 밖에서 플레이한 경우 그 볼은 '인 플레이'가 아니며, 규칙 11-4 혹은 11-5를 적용한다. 그렇지 않을 경우에서의 '인 플레이 볼'에는 플레이어가 티잉 그라운드에서 다음 스트로크를 하기로 선택하거나 스트로크해야 할 때, 티잉 그라운드 밖에서 볼을 플레이하는 내용이 포함된다.

부비 메이커 booby maker
최하위자.

부비 프라이즈 booby prize
최하위 성적자를 가리키지만, 보통 최하위에서

2번째나 3번째 플레이어에게 주는 상을 말함. 행운상 또는 노력상이라고도 한다.

분실구 lost ball

플레이어, 그 사이드 또는 이들의 캐디가 찾기 시작하여 5분 내에 발견하지 못하거나 자기의 볼임을 플레이어가 확인하지 못한 때, 원구를 찾지 않고 규칙에 따라 다른 볼을 플레이한 때, 원구가 있을 것으로 생각되는 장소에서 홀에 가까운 지점에서 잠정구를 플레이한 때 등의 이후는 잠정구가 인 플레이의 볼이 된다. 오구의 플레이에 소비한 시간은 수색을 위해 주어진 5분에 산입하지 않는다.

브래시 brassie

2번 우드로 드라이버보다 1인치 정도 짧고 조금 무거우며 로프트가 많음.

브레이크 break

① 볼이 그린에서 구를 때 퍼팅이 옆 방향으로 휘어지는 지점.
② 퍼팅할 때 그린의 조건이나 바람 등에 의해 볼이 휘는 정도.

브리티시 오픈 British Open

전영오픈. 1860년 창설된 오래된 역사를 가지고 있으며 그 권위를 자랑한다.

브이 셰이프 V shape

그립을 잡을 때 검지손가락과 엄지손가락이 이루는 V자 모양의 형태.

블라인드 blind

코스상태와 경기의 두 가지 뜻으로 쓰인다. 코스에서는 지형의 기복이나 숲에 의해 타구의 목표점이 보이지 않는 경우이며, 경기에서는 다른 조에 있는 사람과 승부를 겨루는 경우를 말한다.

블라인드 샷 blind shot

현재 위치에서는 깃대나 이상적인 안착점을 볼 수 없는 상황에서 하는 샷.

블라인드 홀 blind hole

티잉 그라운드에서 그린이 보이지 않는 홀.

블래스트 blast

벙커에서 모래를 폭발시키듯 치는 것으로 익스플로전 샷이라고도 함.

블레이드 blade

아이언의 칼날형으로 된 부분.

블레이드 렝스 blade length

클럽헤드의 맨 앞에서 맨 뒤까지의 길이.

블레이드 샷 blade shot

스컬드 샷이라고도 하며, 클럽헤드의 밑부분으로 볼의 윗부분을 강하게 쳐서 낮게 날아가게 하는 샷.

블레이드 원 blade one

아이언 클럽헤드 아래의 가장자리 쪽으로 볼의 중간을 치는 것이다. 이것은 마치 야구에서 라이너 볼(일직선으로 날아가는 타구)처럼 볼이 곧바로 날아가게 된다.

블레이드 퍼터 blade putter

평평한 면의 금속으로 된 경타용 골프클럽으로, 보통 아래쪽에 작은 테두리가 있고 1/2인치 정도의 정사각형 윗모서리가 있음.

블로 blow

볼을 힘차게 치는 것.

블록 block

임팩트 후에 팔과 상체 등의 회전이 원만하게 이루어지고 목표선 방향으로 체중이동이 되기 위하여 목표선 방향의 다리를 회전시키지 않고 벽을 만드는 것.

비스크 bisque

핸디캡 홀을 자신이 스스로 선택하는 매치 플레이.

비지터 visitor
회원제 컨트리클럽에서 비회원 골퍼를 지칭.

【사】

사이드 side
1명의 플레이어 또는 파트너인 2명 혹은 그 이상의 플레이어를 말한다. 2인 1조의 투볼 포섬 포맷이나 베스트 볼 매치인 경우 각 조의 상대편을 서로 부를 때 쓰며, 같은 사이드의 플레이어는 파트너라고 함.

사이드 벙커 side bunker
페어웨이의 방향과 같은 방향으로 양측에 위치한 벙커.

사이드 블로 side blow
볼의 옆을 쳐서 튕겨 보내듯이 치는 것.

사이드 스핀 side spin
볼이 옆으로 회전하는 것으로, 우회전을 하면 슬라이스, 좌회전을 하면 훅의 원인이 됨.

사이드 힐 라이 side hill lie
공이 내리막 경사나 오르막 경사, 즉 비탈진 곳에 놓은 것. 공보다 높은 위치에서 샷을 할 때는 클럽을 길게 잡고 무게중심을 발 뒤쪽에 둔다. 풀스윙을 하면 균형을 잃을 수도 있으므로 백스윙은 평소보다 짧게 가져가는 것이 좋다. 공보다 낮은 위치에서 샷을 할 때는 클럽을 짧게 잡고 체중을 두 발에 균등하게 싣는다. 스윙은 평소보다 짧게 가져가는 것이 좋다.

샌드 배거 sand bagger
토너먼트나 내기경기에서 이기기 위하여 임의적으로 핸디캡을 올리는 플레이어.

샌드 세이브 sand save
그린 사이드 벙커에서 파나 버디를 잡는 확률로,

벙커 샷을 핀에 붙이거나 그대로 넣는 능력을 나타내는 것.

샌드 아이언 sand iron
벙커를 효과적으로 탈출하기 위해 고안된 아이언으로 다이너마이터라고도 함.

샌드 웨지 sand wedge
주로 모래벙커 샷에 쓰이는 아이언.

샌드 트랩 sand trap
흔히 벙커라고도 하는 샌드 해저드.

샌디 sandy
샌드 벙커를 오르락내리락 하다가 결국 원 퍼터로 홀인시키는 것.

샤마추어 골퍼 shamateur golfer
아마추어 규정에 위반되는 행위가 있었음에도 불구하고 아마추어 골퍼로 인정되고 있는 골퍼. 즉, 세미프로와 유사한 개념으로서 아마추어 선수로 활동하지만 그에 대한 경제적 보상을 받는 골퍼

샤프트 shaft
클럽의 헤드와 그립을 연결하는 막대기 부분.

샷 건 shot gun
전 홀에서 동시에 출발하는 경기.

샷 브러스트 shot brust
샌드 브러스트라고도 한다. 아이언 클럽의 타면이 빛을 반사하지 않도록 타면에다 쇳가루나 수지분말을 바르는 것. 스핀이 필요 이상 생기지 않도록 제한한다.

섕크 shank
샷할 때 볼이 클럽 샤프트의 목 부분에 맞는 미스 샷.

서든 데스 sudden death
2인 이상의 동점자가 나와 토너먼트를 마무리지어야 할 때 채택하는 연장전의 한 방법으로, 1홀씩의 스코어로 승패를 가림.

세이브 save
볼이 그린을 벗어나 벙커나 그린 옆의 러프 지역
에 떨어져 파 플레이가 의심스러운 경기.

셋업 set up
볼을 치기 위해 자세를 잡는 어드레스동작.

솔 sole
클럽헤드에서 지면과 닿는 부분. 솔한다는 것은
그 부분을 지면에 닿도록 붙이는 것이며, 벙커에
서는 솔해서는 안 된다.

숏 게임 short game
그린 위나 주위에서 하는 샷 플레이.

숏 아이언 short iron
샤프트 길이가 중간 정도이고 로프트가 적절히
커 다루기가 비교적 용이한 7, 8, 9번의 짧은 아
이언의 총칭.

숏 어프로치 short approach
가까운 거리에서 홀에 붙이는 것으로 웨지의 최
대 비거리 이내의 거리에서 힘 조절에 의한 테크
닉이 필요한 경우.

숏 컷 short cut
홀의 순서를 무시하고 가까이 있는 다른 홀로 옮
기는 것으로, 코스가 복잡한 곳에서는 허용되지
않음.

숏 홀 short hole
240~250야드의 거리 이내로 원 샷에 홀 접근이
가능한 거리가 짧은 파3의 홀.

슈팅 라이츠 아웃 shooting lights out
보기 없이 계속하여 버디나 이글을 기록하는 것.

스냅 snap
클럽이 볼에 닿는 순간 힘을 최대한 전달하고
볼 방향을 조절하는 손목꺾기 동작.

스네이크 snake
30피트 이상 거리의 굽은 롱퍼팅.

스루 더 그린 through the green
다음 구역을 제외한 코스의 전 구역을 말한다.
플레이 중인 그 홀의 티잉 그라운드와 퍼팅 그
린, 코스 내의 모든 해저드를 제외한 전 구역.

스리 쿼터 샷 three quarter shot
정상 샷에서 4/3 정도의 크기로 스윙하는 샷.

스웨이 sway
스윙과정에서 상반신이 좌우 또는 상하로 움직
이는 것. 미스샷(miss shot)의 원인 중 하나이다.

스위트 스폿 sweet spot
볼을 맞추어야 하는 클럽 페이스의 중심점.

스위프 오프 sweep off
클럽헤드의 원심력을 이용하여 볼을 쓸어내듯
스윙하는 것.

스윙 밸런스 swing balance
자신의 기량이나 습성에 맞도록 클럽의 무게중
심을 조절하는 것.

스윙 스루 swing through
테이크 백에서 클럽헤드가 최고점에 달하는 탑
에서 클럽을 멈추지 않고 바로 다운 블로로 연결
시켜 스윙하는 것을 말함. 스윙이 멈춤이 없이
유연하게 이루어지는 것.

스윙 웨이트 swing weight
스윙 시 느끼는 클럽헤드나 클럽 샤프트 등의 클
럽무게.

스윙 플레인 swing plane
스윙 시 클럽, 손, 팔, 힙 등이 그리는 궤도로 스
윙포물선과 함께 스윙을 좌우함.

스카이 sky
클럽이 볼 아래쪽에 빗겨 맞아 의도했던 것보다
짧고 높이 날아가는 샷.

스카치 포섬 scotch foursome
2인 1조의 경기로 볼을 번갈아 가며 치는 얼터니

트 방식으로 진행하는 경기.

스커프 scuff

볼을 정확히 타격하지 못하고 뒤땅을 치는 것.

스컬 skull

칩 샷이나 피치 샷에서 볼을 너무 강하게 치는 바람에 의도했던 지점보다 훨씬 멀리 친 샷.

스코어 score

각 홀의 타수나 총타수.

스코어 카드 score card

18홀의 거리, 파, 핸디캡, 홀의 순위, 이름, 연월일, 어테스트란, 플레이어의 사인란 등이 있는 카드로 플레이어는 홀의 스코어를 기입하고, 경기에서는 마커와 본인의 사인을 하여 경기위원회에 제출함.

스쿠프 scoop

아이언으로 볼을 높이 쳐 올리는 것.

스쿠프 솔 scoop sole

아이언 클럽으로 볼을 높이 떠내듯 쳐 올리는 것. 벙커에서 높은 그린으로 쳐 올리는 것을 말한다.

스퀘어 스탠스 square stance

양쪽 발꿈치를 잇는 선이 비구선과 평행하게 발의 위치를 정하는 것.

스퀘어 페이스 square face

어드레스나 임팩트 순간에 의도했던 라인 아래를 겨냥한 클럽.

스크래치 플레이 scratch play

핸디캡을 적용하지 않는 경기.

스크래치 플레이어 scratch player

핸디캡이 0인 플레이어.

스크램블 scramble

1팀의 4인 전원이 티샷을 하고, 그 중에서 세컨드 샷이 가장 유리한 샷을 선택하여 그 위치에서 다시 각자의 세컨드 샷을 하는 경기방식.

스킨스 게임 skins game

3~4명의 골퍼가 경기하여 낮은 스코어를 기록한 플레이어가 이기게 되는 내기 경기. 만약, 2명 이상의 플레이어가 동점이면 내기는 다음 홀로 미루어져 상금은 2배가 되고, 두 번째 홀에서도 동점자가 나오면 세 번째 홀로 미루어지게 되는데, 이 때 해당 홀의 승리를 스킨이라고 하며, 승리자를 스킨의 승리자라 함.

스탠스 stance

볼을 향해 두 발의 위치를 정하고 타구자세를 취하는 것. 플레이어가 스트로크를 하기 위하여 발을 제 위치에 정하고 섰을 때 '스탠스'를 취한 것으로 한다.

스테디 플레이어 steady player

기복이 없는 기량의 소유자로, 스코어의 변동폭이 적은 꾸준한 플레이어.

스토니 stony

홀인한 것이나 다름없게 볼을 깃대에 가깝게 붙인 것.

스트로크 stroke

볼을 올바르게 쳐서 움직일 의사를 가지고 행한 클럽이 앞쪽을 향하는 동작을 말한다. 그러나 클럽헤드가 볼에 도달하기 전에 플레이어가 다운스윙을 자발적으로 중지했을 경우 플레이어는 스트로크를 하지 않은 것으로 간주한다.

스트로크 플레이 stroke play

정해진 홀 수를 플레이해서 각 홀의 타수를 총합계한 것, 또는 그 총타수에서 핸디캡이 있으면 그 수를 제하고 수가 가장 적은 사람이 승자가 되는 게임으로, 메달 플레이라고도 함.

스티미 stymie

홀컵 선상에 상대편 볼과 홀 중간 사이에 놓인

방해구.

스티어 steer
긴장을 풀고 자연스럽게 스윙을 행하는 대신 가파른 손목동작을 이용하여 볼을 돌려서 치는 것.

스티프 stiff
어프로치 샷을 할 때 홀에 매우 가깝게 붙인 볼의 상태. 힘이 들어간 자세 또는 클럽 샤프트의 경도가 높은 경우를 지칭할 때 쓰임.

스틸 샤프트 steel shaft
철제 샤프트.

스페이드 매시 spade mashie
6번 아이언 또는 그 정도 수준의 로프트를 갖고 있는 클럽.

스폿 spot
볼 뒤에 동전 등의 마크를 놓아 그린 위의 볼 위치를 표시하는 것.

스폿 퍼팅 spot putting
퍼팅 그린에서 일정 지점을 설정하여 그 일정 지점을 기준으로 홀을 공략하는 퍼팅.

스푼 spoon
3번 우드.

스플래시 샷 splash shot
모래를 가볍게 튕겨내는 샷. 스플래시 샌드 샷.

스핀 spin
임팩트 후 볼에서 생기는 회전.

슬라이스 slice
볼이 오른쪽으로 꺾여 전체적으로 비구선보다 오른쪽으로 심하게 휘는 볼.

식스 포인트 매치 six point match
3인이 페어링이 된 경우 각 홀에 6점씩을 걸고 그 홀의 승자에게 점수를 주는 경기방식.

심판원 referee
플레이어와 동행하여 현장의 사실 문제를 재정하고 규칙을 적용하기 위하여 위원회가 임명한 사람. 심판원은 목격하거나 보고받은 모든 규칙위반에 대하여 직권을 행사하여야 한다. 심판원은 깃대에 붙어 서거나, 홀의 위치에 서거나, 그 위치를 표시하거나, 또는 볼을 집어올리거나, 그 위치를 마크해서는 안 된다.

싱글 single
2인이 라운드하는 것. 핸디캡이 9 이하 1까지의 플레이어를 통칭.

씬 thin
클럽의 중앙 윗부분에 잘못 맞아 낮게 날아간 볼.

【아】

아마추어 골퍼 amateur golfer
상금의 이익이나 프로적인 이유보다는 건강과 자신의 즐거움을 위해 골프하는 사람.

아마추어 사이드 amateur side
비탈진 퍼팅 상태에서는 홀 컵의 아래쪽을 지나가는 볼은 홀컵에 들어갈 가능성이 100%인데, 이것을 아마추어 사이드라고 한다. 그와는 반대로 위쪽으로 지나가는 것을 프로 사이드라고 한다.

아미 army
초반 9홀의 성적을 기준으로 핸디를 정하는 것.

아웃 드라이브 out drive
상대방보다 멀리 드라이브하는 것.

아웃사이드 outside
어드레스시 플레이어가 서 있는 방향에서 볼 오른쪽 지역.

아웃사이드 에이전시 outside agency
플레이어와 관계없는 제3자인 국외자로 채점자,

심판, 경기위원, 고용한 포어 캐디 등을 말함.

아웃사이드 인 outside in
타구 시 클럽헤드가 볼이 날아가는 라인의 바깥쪽에서 안쪽으로 비스듬하게 들어가는 것.

아웃 오브 바운드 out of bounds : OB
플레이 금지구역이다. 대개 흰 말뚝으로 표시되어 있으며, 코스의 경계를 넘어선 장소 또는 위원회가 그렇게 표시한 코스의 일부를 말한다. 아웃 오브 바운드를 말뚝이나 울타리를 기준으로 표시할 경우 볼이 말뚝이나 울타리를 넘었는가를 문제로 할 때 그 아웃 오브 바운드의 선은 말뚝이나 울타리(지주를 포함하지 않은) 기둥의 지면에 접한 가장 가까운 안쪽 점에 의하여 결정된다. 아웃 오브 바운드가 지상의 선으로 표시되었을 때 그 선 자체가 아웃 오브 바운드이다. 아웃 오브 바운드의 선은 수직으로 상하로 연장된다. 볼의 전체가 아웃 오브 바운드에 있을 때는 아웃 오브 바운드의 볼이 된다. 플레이어는 코스 내에 있는 볼을 플레이하기 위하여 아웃 오브 바운드에 설 수 있다.

아웃 코스 out course
전반 9홀로, 클럽 하우스에서 출발해 나간다는 의미.

아이언 iron
헤드 부분이 금속으로 되어 있는 클럽.

아이언 플레이 iron play
아이언만 사용하는 경기.

아이피 I. P : intersection point
페어웨어 내의 교차점, 즉 티잉 그라운드에서 페어웨이의 중앙쪽으로 직선을 그리고 그린의 중앙에서 페어웨이 쪽으로 선을 그었을 때 만나는 지점.

아크 arc
스윙에서 클럽헤드가 휘둘러지는 궤도.

알루미늄 샤프트 aluminium shaft
1976년 샤프트 경량화의 첨단화로 등장했다. 알루미늄과 마그네슘을 합금한 샤프트로 스틸처럼 경도를 높이기 위해 내경을 굵게 했으나 모양이 나쁘고 샤프트의 성능이 좋지 못하여 인기를 얻지 못하였다.

알바트로스 albatross
파보다 3타수 적은 수로 홀인하는 것으로, 더블 이글이라고도 함.

알 에이 R&A : royal and ancient
R&A 규칙유한회사를 의미한다. 영국 골프협회로 정식명칭은 'Royal and Ancient Golf Club'이며, 현재 골프룰을 관장하고 전영오픈을 주최한다.

애누얼 피 annual fee
연회비를 말한다.

애버러지 스코어 average score
스트로크 플레이로 각 홀의 합계타수를 평균하여 1홀의 스코어를 정하는 것.

애버리지 골퍼 average golfer
중급 정도 실력의 일반 골퍼로 핸디가 18~15 정도임. 즉 1라운드의 스코어가 약 95타 전후인 골퍼들을 말한다.

야디지 yardage
홀이나 코스의 거리를 야드단위로 표시한 숫자.

야디지 레이팅 yardage rating
각 홀의 비율. 난이도이며, 코스 레이팅이라고도 함.

야디지 포스트 yardage post
홀의 번호, 홀까지의 거리, 1홀의 파 등을 써서 티잉 그라운드에 세워 놓은 표지.

어게인스트 against
맞바람일 때 티업은 낮게, 폴로스루는 억제를 해

가며 힘을 쏟는 일.

어게인스트 룰 against rule
룰을 위반하는 것을 말한다. 골프룰을 잘 익혀야 한다. 경기 중에 '잘 몰랐다'는 이유로 자신의 실수를 면할 수 없다.

어게인스트 보기 against bogey
보기(bogey)에 대항하여 승패를 정하는 경기. 방법은 어게인스트와 같다.

어게인스트 윈드 against wind
앞에서 불어오는 바람. 이런 바람에서 플레이하는 것은 거리를 내기가 어려울 뿐만 아니라 슬라이스, 훅의 변화도 커진다. 따라서 티를 낮게 하고 천천히 스윙하는 것이 바람직하다. 이에 반하여 순풍을 페이버(윈드) 혹은 폴로라고도 한다.

어게인스트 파 against par
각 홀의 파에 대항하여 플레이하는 것. 매치플레이와 마찬가지로 업(up)과 다운(down)을 상쇄해서 업이 많은 플레이어가 승자가 된다.

어드레스 address
플레이어가 스탠스를 취하고 클럽을 지상에 대었을 때 '어드레스'한 것으로 친다. 다만, 해저드에서는 스탠스를 취한 때에 '어드레스'한 것이 된다.

어드바이스 advice
플레이어의 플레이 결단, 클럽의 선택 또는 스트로크의 방법에 영향을 주는 조언이나 시사를 말한다. 규칙이나 공지사항, 예를 들면 해저드나 퍼팅 그린상의 깃대의 위치 등을 알리는 것은 어드바이스가 아니다.

어센딩 샷 ascending shot
될 수 있는 한 큰 모양이 되게끔 볼을 치는 것.

어웨이 away
두 가지의 의미로 쓰인다. 첫 번째 의미는 기술용어로 백스윙을 할 때 클럽헤드를 뒤로 멀리 떨어지게 하듯 빼는 것이며, 두 번째 의미는 경기용어로 티에서 스윙을 한 후 홀에서부터 멀리 떨어져 먼저 치는 사람을 나타내는 말이다. 한 플레이어의 볼이 골프코스 안에 있고, 또 다른 플레이어의 볼이 벙커(장애)에 있어도 마찬가지이다.

어테스트 attest
경기 종료 후 마커가 스코어 카드에 틀림없음을 증명하기 위해 서명하는 것.

어퍼 블로 upper blow
드라이버가 스윙의 맨 밑지점을 통과한 다음 타면의 각도가 위로 향하는 순간에 볼을 맞히는 타법.

어포넌트 opponent
매치 플레이에서 함께 경기하는 상대.

어프로치 approach
보통 100야드 이내의 거리에서 직접 핀이나 홀을 공격하는 것.

어프로치 각도 angle of approach
클럽헤드가 볼쪽으로 내려올 때의 각도.

어프로치 퍼트 approach putt
볼을 핀에 가까이 가도록 하는 롱 퍼트.

어프로치 플레이 approach play
홀의 가까운 곳에서 하는 샷으로 칩(chip), 피치(pitch), 러닝(running) 어프로치 등의 기술이 있다.

언더 리페어 under repair
수리 중인 코스를 뜻하며, 보통 흰 선 또는 붉은 말뚝으로 표시한다.

언더 스핀 under spin
역회전 볼.

언더 클러빙 under clubbing
전략적으로 짧은 클럽을 선택하는 것.

언더 파 under par
규정 타수보다 적은 스코어의 통칭.

언더 핸디캡 under handicap
핸디캡이 따라다니는 플레이어.

언콕 uncock
콕된 손목이 원래상태로 되돌아가는 것.

언플레이어블 unplayable
공을 칠 수 없을 때 하는 플레이 불가능 선언. 통상 2벌타가 부과된다.

언플레이어블 라이 unplayable lie
볼이 치기에 불가능한 지역으로 들어간 경우나 플레이를 하기 힘든 상태에 놓였을 때의 볼 위치.

얼리 릴리즈 early release
다운스윙 초기에 언콕해 버리는 것.

얼터네이트 스윙 alternate swing
왼손과 오른손으로 교대로 하는 스윙.

얼터네이트 스트로크 alternate stroke
볼을 칠 때 2인의 파트너가 서로 번갈아가면서 치는 경기방식.

업 up
매치 플레이인 경우 이긴 홀 수의 합 또는 자기 편이 이긴 경기의 합을 나타냄.

업 앤 다운 up and down
그린의 경사가 심한 정도를 말한다.

업 투 고 up to go
매치 플레이의 성적을 말할 때 사용한다. 예를 들어 '3 up 5 to go'인 경우 5홀을 남기고 3홀을 이기고 있다는 뜻.

업라이트 스윙 upright swing
스윙의 궤도가 지면과 수직에 가깝도록 하는 스윙.

업라이트 힐 upright hill
올라가는 경사가 급한 홀의 언덕.

업저버 observer
문제가 되는 판정에 관하여 판단원에게 조언하며, 반칙을 판단원에게 보고하기 위하여 위원회가 임명한 사람. 업저버는 깃대에 붙어 서거나 홀 앞에 서거나 홀의 위치를 표시하거나 볼을 집어올리거나 그 위치를 마크하지 못한다.

업힐라이 uphillie
홀이 그린에 가까울수록 높게 되어 있을 때를 말한다.

에어 샷 air shot
볼을 맞히지 못하고 완전히 빗나가서 허공에서 바람만 가르는 스윙으로, '헛 스윙'이라고도 한다.

에이스 ace
한 번의 스트로크로 한 홀을 마치는 것으로 홀인원이라고도 함. 만약, 볼이 깃대에 기대어져 있을 때는 깃대를 조심스럽게 빼서 볼이 홀 안으로 들어갈 수 있도록 할 수 있다.

에이 애버러지 A average
샤프트의 강도를 나타내는 기호로 A는 약간 부드러운 샤프트를 표시한다. 그 외 L, R, S, X 등이 있다.

에이지 슈트 age shoot
18홀 라운드를 자기 나이와 같거나 그보다 적은 타수로 마무리하는 것. 남자는 18홀 6,000야드 이상, 여자는 5,400야드 이상의 코스 규모라는 규정이 있다.

에이프론 apron
그린의 입구를 말하는 것으로, 잔디를 가지런하게 깎은 구역.

에지 edge
홀, 그린, 벙커 등의 가장자리 또는 끝.

에티켓 etiquette
플레이에 요구되는 올바른 태도로 규칙 제1장에

서 강조하고 있다.

엑스트라 홀 extra hole

정규 홀이 끝나도 승패가 결정되지 않은 경우 연장을 위해 규정해 놓은 홀.

엔트리 entry

경기에 참가하는 것.

예측 라인 imaginary line

퍼팅을 할 때 볼에서 홀컵에 이르는 가상 퍼팅 라인.

예측 컵 imaginary cup

호돈 스미스가 만들어 낸 말로, 훌륭한 퍼팅은 마음 속에 그려진 상상의 홀컵을 향해 쳐야 한다는 의미.

오구 wrong ball

다음에 명시한 플레이어의 볼 이외의 모든 볼을 말한다. 인 플레이 볼, 잠정구, 스트로크 플레이에서 규칙 3-3 또는 규칙 20-7b에 의하여 플레이한 제2의 볼, 그리고 다음과 같은 볼을 포함한다. 다른 플레이어의 볼, 버려진 볼, 더 이상 인 플레이 볼이 아닌 플레이의 원구. 인 플레이 볼은 볼의 교체가 허용되든지 안 되든지 상관없이, 인 플레이 볼과 교체된 다른 볼도 포함된다.

오너 honor

티잉 그라운드에서 가장 먼저 플레이하는 플레이어는 "오너가 되다"라고 말한다. 티잉 그라운드에서 제일 먼저 볼을 칠 권리로 이전 홀에서 가장 좋은 성적을 기록한 사람에게 주어짐.

오버 over

볼이 목표한 그린이나 홀을 넘어서 멀리 떨어지는 것 또는 타수가 기준 타수보다 많을 때 사용.

오버래핑 그립 overlapping grip

가장 흔한 그립 방법으로, 오른쪽 새끼손가락을 왼손 둘째손가락의 관절과 맞물리게 하는 것으로 바든 그립이라고도 함.

오버 스윙 over swing

스윙의 탑 동작에서 필요 이상으로 클럽을 치켜드는 것.

오버 스핀 over spin

볼의 회전이 위에서 아래로 걸리는 경우로 착지 후 많이 구른다.

오벌 솔 oval sole

아이언 클럽의 밑바닥(솔)이 맨 앞에서 맨 뒤에 걸쳐 둥글게 모양진 상태를 말한다. 땅과의 접촉면이 적고 라이 각도를 조정하기가 좋기 때문에 헤드의 작동이 잘 되고 헤드의 속도가 빨라진다.

오즈 odds

약자에게 주어지는 핸디캡.

오픈 그린 퍼팅 open green putting

그린 밖에서의 퍼팅의 요령으로 볼을 낮게 띄워서 굴리는 칩핑 샷.

오픈 스탠스 open stance

오른발을 왼발보다 볼 쪽으로 조금 내놓고 목표를 향해 취하는 어드레스 자세.

오픈 챔피언십 open championship

프로나 아마추어가 모두 출전할 수 있는 선수권대회.

오픈 토너먼트 open tournament

지역적으로 열리는 오픈경기.

오픈 투 클로즈드 open to closed

백스윙에서 클럽 페이스를 열고 포워드 스윙에서는 클럽 페이스를 닫는 클럽헤드의 움직임을 묘사하는 용어.

오픈 페이스 open face

클럽 페이스를 수직보다 조금 벌어진 기분으로 놔두는 것으로 탑 오브 스윙일 때는 클럽 페이스가 하늘을 향해 있음.

오피셜 핸디캡 official handicap
공식 관련기관으로부터 인정을 받은 핸디캡.

온 그린 on green
볼을 그린 위에 올려놓는 것.

올 스퀘어 all square
승부가 나지 않는 무승부. 즉 호각의 성적.

왜글 waggle
클럽에 탄력을 붙이는 동작으로 백 스윙을 시작
하기 전에 손목만으로 가볍게 클럽을 흔들어 굳
어 있는 부분을 부드럽게 하는 운동.

우드 woods
목재 헤드를 가진 클럽. 그러나 현재 목재는 거
의 사용하지 않고 특수소재로 만들고 있으나 클
럽명칭은 여전히 '우드'라고 하는데 이것은 오래
된 관용어이다.

워터 해저드 water hazard
코스 안에 걸쳐 있는 모든 바다, 호수, 못, 하천,
도랑, 배수구의 표면 또는 덮개가 없는 수로(물
의 유무를 불문) 및 이와 유사한 수역을 말한다.
워터 해저드 구역 경계 내의 모든 지면 또는 수
면은 그 워터 해저드의 일부분이다. 워터 해저
드의 경계선은 수직으로 그 위아래까지 연장 적
용된다. 워터 해저드 구역의 경계를 표시하는
말뚝과 선은 해저드 안이며, 그러한 말뚝은 장
애물이다. 볼이 워터 해저드 안에 놓여 있거나
볼의 일부가 워터 해저드에 접촉하고 있으면 워
터 해저드 안의 볼이다. 워터 해저드(래터럴 워
터 해저드 제외)를 정하기 위하여 사용하는 말
뚝이나 선은 황색이어야 한다. 위원회는 워터
해저드로 지정된 환경보호구역에서의 플레이를
금지하는 로컬 룰을 제정할 수 있다.

원 라운드 one round
코스를 한 바퀴 돌아 18홀을 플레이하는 것.

원 샷 홀 one shot hole
티 오프를 하여 제1타로 볼을 그린 위에 올려놓
을 수 있는 거리 내의 홀.

원 아이언 one iron
볼을 낮게 멀리 날리는 드라이브용 클럽으로, 곧
은 클럽 페이스를 갖는 아이언.

원 온 one on
1타로 볼을 그린에 올려놓는 것.

원 피스 스윙 one piece swing
전체 기능이 일체화된 스윙.

웨이트 시프트 weight shift
스윙의 동작 중 볼에 체중을 싣기 위해 체중을
이동시키는 상태.

웨지 wedge
클럽 페이스가 넓고 로프트가 크며 솔이 넓어 볼
의 역회전과 띄우기가 용이하게 설계된 어프로
치용 아이언.

위닝 샷 winning shot
승부를 내는 데 결정적으로 도움이 된 타구.

위원회 committee
위원회라고 할 때에는 경기를 관리하는 위원회
를 말하며, 경기문제가 아닌 경우는 코스를 관리
하는 위원회를 말한다.

윈드 치터 wind cheater
바람의 영향을 줄이기 위해 평소보다 낮게 날리
는 볼.

윈터 룰 winter rules
플레이가 곤란한 겨울에 볼의 원만한 스윙을 위
하여 원래 라이의 6인치 이내의 거리까지 볼을
옮길 수 있게 허락하는 로컬 룰인데, 홀 근처에
서는 허용되지 않는다.

이글 eagle
한 홀에서 파보다 2타수 적은 스코어.

이매큘레이트 immaculate
홀컵을 향해 일직선으로 굴러가는 완벽한 샷.

이븐 even
파와 동타일 때, 또는 승패를 가리기 어려울 때.

이지 식스 easy six
6번 아이언으로 가볍게 친다는 의미이다. 8번 아이언이라면 이지 에잇이다.

익스텐션 extension
위력적인 샷을 위해 임팩트때 왼팔을 쭉 펴고, 임팩트 후 오른팔을 쭉 펴는 것을 의미함.

익스플로전 샷 explosion shot
볼이 벙커에 들어갔을 때 모래와 함께 강타하여 그 압력으로 볼을 모래와 함께 벙커에서 탈출시키는 샷.

인 바운드 in bound : IB
플레이가 가능한 구역으로, IB라고 한다. 반대로 흰색 표식 경계의 외곽을 플레이 금지구역, 즉 OB라고 한다.

인사이드 inside
의도한 라인의 플레이어쪽 지역.

인사이드 루프 inside loop
백 스윙의 궤적이 포워드 스윙의 궤적보다 평평한 경우.

인사이드 아웃 inside out
클럽헤드를 볼의 비행선 안쪽에서 볼에 닿도록 바깥쪽으로 스윙하는 것.

인사이드 투 인 inside to in
임팩트때 클럽 페이스가 볼과 스퀘어를 이루면서 볼의 중앙을 타격하는 스윙, 임팩트때 목표선을 중심으로 하는 백 스윙과 폴로스루에서 클럽 헤드가 안쪽으로 움직이는 것.

인코스 in course
후반 9홀. 클럽 하우스로 들어온다는 뜻으로 백

나인 또는 인이라고도 함.

인터로킹 그립 interlocking grip
오른손 새끼손가락과 왼손의 집게손가락을 겹쳐 쥐는 그립방법.

인터클럽 매치 interclub match
클럽들 사이의 대항경기, 또는 각 클럽의 선수가 한 코스에 모여서 하는 경기.

인텐디드 라인 intended line
플레이어의 샷이 시작되어 볼이 전방으로 날아가는 것을 머릿속에 그리는 라인.

인텐셔널 intentional
골프에서, 의식적으로 훅(hook : 비구선보다 왼쪽으로 휘어지는 구질)이나 슬라이스(slice : 비구선보다 오른쪽으로 휘어지는 구질) 등의 타구를 날리는 것을 말한다.

인텐셔널 슬라이스 intentional slice
코스의 지형관계나 해저드(hazard), 나무 등 장애물을 피하기 위해서 의식적으로 슬라이스 볼을 때리는 것, 또는 의식적으로 때려진 슬라이스 볼.

인텐셔널 훅 intentional hook
코스의 지형 관계나 해저드, 나무를 피하기 위해 의식적으로 훅 볼을 치는것.

임파서블 라이 impossible lie
타격이 불가능한 곳에 놓인 볼의 위치. 예를 들어, 벙커의 립 아래나 백스윙이 도저히 불가능한 나무 밑, 또는 낭떠러지와 같은 급경사와 협소한 위치에 놓인 볼을 임파서블 라이, 즉 타격이 불가능한 라이라고 한다.

임팩트 impact
클럽헤드가 볼을 가격하는 순간.

입스 yips
숏 퍼팅 시 손이나 손목의 근육에 영향을 주는

불안정한 컨디션.

【자】

잠정구 provisional ball
볼이 워터 해저드 이외에서 분실 또는 아웃 오브 바운드의 염려가 있는 경우 규칙 27-2에 의하여 플레이하는 볼을 말한다. 볼이 워터 해저드 외에서 분실의 우려 또는 OB의 염려가 있을 때 플레이하는 볼로서 반드시 잠정구를 치겠다는 의사를 밝혀야 하는데, 선언하지 않으면 그 볼은 잠정구가 아니라 스트로크와 거리의 벌을 받고 인플레이의 볼이 됨.

장애물 obstruction
경기를 원활하게 진행하는 데 장애가 되는 코스 내의 물건 또는 인공적으로 만들어진 경기 장애요소로서 모든 인공의 물건, 도로 및 통로의 인공 표면과 측면 및 인공 얼음 등을 포함한다. 다만 다음의 것은 제외된다.
a. 아웃 오브 바운드를 표시하는 벽, 담, 말뚝 및 울타리
b. 아웃 오브 바운드에 있는 움직이지 못하는 인공물건의 모든 부분
c. 코스와 불가분한 것이라고 위원회가 지정한 모든 구축물
움직일 수 있는 장애물이란 무리한 노력을 들이지 않고 플레이를 부당하게 지연시키지 않으며, 손상을 입히지 않고 옮겨질 수 있는 장애물을 말한다. 그렇지 않을 경우는 움직일 수 없는 장애물이다. 위원회는 움직일 수 있는 장애물을 움직일 수 없는 장애물로 선언하는 로컬 룰을 만들 수 있다.

정규 라운드 stipulated round
위원회가 따로 허용한 경우를 제외하고 홀의 순서에 따라 코스의 여러 홀을 플레이하는 것을 말한다. 정규 라운드의 홀수는 위원회가 18홀보다 적은 홀수를 허용한 경우를 제외하고는 18홀이다.

제너럴 룰 general rule
골프협회가 정한 규칙.

지거 jigger
4, 5번 아이언의 로프트를 가진 아이언 클럽의 일종으로 클리크라고도 한다. 이것들은 러닝 샷용의 클럽으로 어프로치에 쓰이는 아이언이다.

징크스 jinx
불길한 인연, 액운, 불길함 등이 붙는 것을 말한다.

【차】

챔피언 코스 champion course
공식 선수권대회를 개최할 수 있는 정규 코스로, 홀 수는 18홀이며, 전체 길이는 6,500야드 이상으로 규정되어 있음.

청크 chunk
볼 앞의 지면을 두껍게 치는 미스 샷.

초이스 스코어 choice score
동반자끼리 조를 짜서 스트로크 경기를 할 때 팀 중에서 가장 좋은 스코어를 선택하여 계산하는 것.

초청경기 invitation match
유명선수나 특정인을 초대하여 개최하는 경기.

초크 choke
정상적인 경기운용을 방해하는 신경질적인 심리 상태.

초크 다운 choke down
샷의 정확도를 높이기 위해 클럽을 보다 짧게 잡는 것.

치 chee
나무 손잡이로 된 4, 5번 아이언에서 골퍼가 볼을 치기 위해 사용하는 클럽의 머리부분.

치킨 윙 chicken wing
포워드 스윙에서 왼팔이 굽혀지는 것으로 정상적인 스윙에서는 잘못된 자세이나 벙커샷이나 어프로치샷에서 클럽헤드의 회전을 멈추기 위해 종종 사용한다.

치프 커미터 chief committee
위원장

칠리 딥 chili-dip
그린 주변에서 클럽이 볼에 닿기 전에 땅을 많이 치는 미스 샷.

칩 chip
비교적 낮은 탄도의 짧은 어프로치 샷.

칩 샷 chip shot
어프로치 샷의 일종으로 극히 단거리에서 핀으로 치는 샷.

칩 앤 런 chip and run
4, 5번 아이언과 같은 짧은 로프트를 가진 클럽으로 치는 샷을 말하며, 그린의 가장자리나 러프에서 주로 사용함.

칩 인 chip in
칩 샷으로 볼이 홀인하는 것.

【카】

카본 carbon
탄소섬유. 카본 그래파이트는 탄소와 에폭시 수지를 합성시킨 복합재료이다.

캐나다 컵 Canada cup
현재 월드컵으로 개최되고 있는 각국 대항 프로 경기의 전신(아마추어도 참가 가능). 1953년 존 홉킨즈가 국제골프협회를 창설한 후 해마다 개최국을 바꿔가며 개인과 단체경기의 성적을 겨룬다.

캐넌 샷 canon shot
유럽 PGA투어에서 한 해 동안 벌어진 각종 경기에서 가장 멋진 샷을 날린 선수에게 주는 상.

캐디 caddie
규칙에 따라서 플레이어를 원조하는 사람을 말하며, 여기에는 플레이하는 동안 플레이어의 클럽을 운반 또는 취급하는 일이 포함될 수 있다. 공용의 캐디는 볼에 문제가 일어났을 때 그 볼의 소유자의 캐디가 되며, 캐디가 가지고 있는 휴대품도 그 볼의 소유자의 것으로 간주한다. 다만, 플레이어의 특별한 지시에 의하여 행동한 때에는 그 지시한 플레이어의 캐디로 간주한다.

캐디 마스터 caddie master
코스의 종업원으로 캐디의 배속, 교양을 담당하고 그 양성을 책임지는 사람.

캐디 카트 caddie cart
캐디백을 싣고 다니는 소형 전동차.

캐리 carry
볼의 원래 위치와 날아가서 떨어진 지점간의 공중거리.

캐리 오버 carry over
규정된 홀 수에서 승부가 나지 않아 연장 플레이를 하는 것.

캐리드 오너 carried honor
전 홀에서 동점이 된 경우 다음 홀에서도 이전 오너가 우선적으로 샷을 할 수 있는 권리를 가지는 것.

커렉트 라이 correct lie
골프클럽의 라이 각도가 이상적인 각도로 되어 있는 상태. 골프클럽을 휘둘러보면 밑바닥에 생기는 긁힌 자국이 중심에서 바로 밑에 있는 것.

커밍 인 coming in
코스의 후반 9홀로, 인코스와 같은 뜻.

커피 라이 cuppy lie
컵처럼 생긴 구덩이에 들어간 볼의 위치를 말하며, 보통 러프 지역의 다듬지 않은 코스에 많고 대부분 샷하기 곤란함.

컨시드 concede
홀 매치게임에서 볼을 원 퍼터로 넣을 수 있다고 판단하는 경우, 실제 퍼팅이 있기 전에 홀인을 인정하는 것으로 스트로크 플레이에서는 허용되지 않음.

컨트롤 control
샷의 정확성을 조절하는 능력.

컨트리클럽 C. C. : country club
원래는 전원클럽이라는 뜻이다. 그러나 지금은 대부분 회원제 클럽을 말한다.

컴프레션 compression
볼의 경도(굳기)를 나타내는 말. 일반적으로는 가장 딱딱한 컴프레션 100의 볼은 흑색, 90이 적색, 80이 청색으로 표시되어 있다.

컵 cup
그린 위에 있는 홀.

컷 cut
볼을 비스듬하게 끊는 듯한 타법.

컷 샷 cut shot
볼을 시계방향으로 회전시키는 스트로크. 왼손 잡이는 시계반대방향.

컷 업 cut up
볼을 높이 때리는 것.

컷 인 cut in
코스의 순위를 무시하고 도중에서부터 플레이를 하는 것.

코스 course
코스위원회가 설정한 모든 경계선 이내에 있는 전 지역을 말한다(규칙 33-2 참조). 경기가 허용되는 모든 지역을 말하며 스루 더 그린, 해저드, 티잉 그라운드, 퍼팅 그린 등이 있다. 골프장을 말하는 경우도 있으며, 코스에는 퍼블릭 코스, 컨트리클럽 멤버십 코스, 세미퍼블릭 코스 등이 있다.

코일 coil
백 스윙에서 상체를 꼬는 것.

콕 cock
백스윙을 할 때 힘을 싣기 위해 손목을 꺾어주는 것. 공을 치기 위한 백 스윙에서 손목의 꺾임.

콕트 리스트 cocked wrist
손목이 코킹된 것을 뜻하며, 왼손목을 왼손의 엄지방향으로 굽히고, 오른손을 팔쪽으로 젖히는 자세.

콜벤 kolven
골프의 기원이라고도 하는 폴란드 놀이. 골프와 마찬가지로 가죽으로 만든 볼을 나무채(콜프)로 치고 그 타수를 겨루었다.

콜프 kolf
폴란드어로 골프클럽을 말한다. 그것이 오늘날 골프의 어원이라고도 한다.

쿼드러플 보기 quadruple bogey
파보다 4타수 많은 스코어.

쿼터 스윙 quarter swing
백 스윙을 풀 스윙의 1/4 정도로 하는 것.

쿼터 파이널 quarter final
8강에서 4강을 가리는 준준결승. 즉, 세미파이널.

퀄리파이 qualify
예선경기 통과를 의미한다. 커트라인(cut line)과 같은 의미이다.

퀄리파이 라운드 qualify round
참가자 중에서 결승전 진출자는 가리기 위하여
벌이는 경기.

크로스 벙커 cross bunker
페어웨이를 옆으로 비스듬하게 끊어 만든 벙커.

크로스 윈드 cross wind
볼이 나아갈 방향의 반대편에서 불어오는 바람.

크로스 핸드 cross hand
퍼터의 그립 방법으로, 일반적인 샷에서 왼손으
로 그립을 잡는 것과 반대로 오른손으로 그립을
잡는 방법.

크레이트 라이 crater lie
볼이 모래에 깊숙이 박혀서 계란프라이처럼 보
이는 경우. '분화구와 같은 라이'다.

크로케 스타일 croquet style
크로케 자세처럼 플레이어가 홀 컵에 정면으로
서서 퍼팅을 하는 자세.

클럽 club
골프볼을 치기 위한 도구 또는 골프 코스.

클럽 렝스 club length
클럽의 길이. 볼을 옮겨야 할 경우 그 한도를 클
럽의 길이로 규정함.

클럽 페이스 club face
실제 볼을 치는 타구면으로 클럽의 종류에 따라
모양이 다양함.

클럽 하우스 club house
골퍼가 식사, 탈의, 목욕, 휴식 등을 하는 건물.

클럽 핸디캡 club handicap
각 클럽에 등록된 회원의 핸디캡으로 공식인증
이 되지 않은 경우도 있음.

클럽 헤드 club head
클럽의 타구면과 바닥면을 포함한 부분.

클레임 claim
상대방의 규정위반에 대한 항의 행위의 일체를
말함.

클로즈드 스탠스 closed stance
왼쪽 발을 오른쪽 발보다 의도한 라인에 가까이
두는 어드레스 자세.

클로즈드 페이스 closed face
어드레스시 의도한 라인으로 또는 임팩트 시 클
럽헤드의 운동방향 좌측으로 클럽면을 겨냥하는
것.

클리넥스 샷 kleenex shot
클리넥스는 티슈페이퍼의 상표이다. 클리넥스가
공중을 날듯이 어프로치 샷이 부드럽게 날아가
는 것을 말한다. 미국에서는 테니스에서 부드럽
고 높이 로브한다는 말을 그대로 옮겨서 로브 샷
이라고도 한다.

클리크 cleek
5번 우드. 로프트가 3번 아이언과 같다.

클린 clean
아이언으로 잔디나 흙이나 바닥을 건드리지 않
고 볼만 깨끗하게 쳐내는 것.

킥 kick
볼이 그라운드에 떨어질 때 반동으로 튕겼다가
다시 제자리로 되돌아오는 것.

킥 포인트 kick point
골프클럽이 휠 때 가장 많이 굽어지는 부분을 말
한다. 끝쪽이 잘 휘어지는 성질일수록 볼을 잘
쳐올리게 된다.

【타】

타이 tie
동점을 의미하며, 경기에서 최소 타수의 사람이

2인 이상 있을 때.

타이거 슬램 tiger slam

2001년 4월 타이거 우즈가 4대 메이저 골프대회를 연속 제패하자 만들어진 신조어. 골프에서 본래 그랜드 슬램은 1년 내에 4대 메이저 대회를 석권하는 경우를 뜻한다. 1년이란 1월 1일부터 12월 31일까지를 말한다. 타이거 우즈는 2000년 US오픈, 브리티시 오픈, 미PGA챔피언십에 이어 2001년 마스터즈대회까지 메이저 대회 4연승을 거두는 초유의 기록을 세웠다. 그러자 미국 언론에서 타이거 우즈의 기록을 칭하여 '타이거 슬램'이란 용어를 쓰기 시작했다.

타이거 티즈 tiger tees

홀로부터 가장 멀리 떨어져 있는 티로서 챔피언 티와 동일.

타이밍 timing

스윙에서 몸동작의 연속된 움직임.

타이트 라인 tight lie

잔디가 전혀 없는 지점에 놓인 볼의 위치.

탑 top

클럽 바닥이나 리딩 에지로 볼 중앙 윗부분을 치는 샷으로 타핑(topping)이라고도 함.

탑 스윙 top swing

백 스윙의 최정점이자 다운 스윙의 시발점이 되는 일련의 동작.

탭 인 tap in

매우 짧은 퍼팅.

터프 turf

잔디층 또는 잔디층을 치는 미스 샷을 말함.

턴 turn

전반 9홀에서 10홀로 가기 위해 돌아오는 것.

턴 오버 turn over

스윙의 피니시에서 클럽을 앞으로 내리고 왼쪽에서 오른쪽으로 몸을 내리는 것.

테이크 백 take back

백 스윙을 하기 위해 클럽을 뒤로 빼는 동작.

테이크 어웨이 take away

백 스윙의 시작부분.

테이크 잇 take it

그린에서 원 퍼팅이 확실할 때 퍼팅을 하지 않고 홀인한 것으로 인정하거나 동의하는 것.

템포 tempo

스윙의 전반적인 페이스.

토 toe

클럽헤드의 끝부분. 스탠스 시에는 선수의 발끝을 말함.

토드 샷 toed shot

클럽헤드의 중앙이 아닌 앞부분으로 볼을 가격하는 샷.

토크 torque

샤프트가 비틀어지는 것 또는 비틀어지는 힘.

투 볼 two-ball

2인 2조로 4명이 서로 편을 가르는 경기방식.

투 볼 포섬 two ball foursome

2인 1조가 하나의 볼로 번갈아가며 플레이하는 경기방식.

투 샤터 two shotter

투 온이 가능한 파 4홀의 승부처를 말하는 은어.

투어 카드 tour card

이듬해 투어에 출전할 수 있는 시드.

툼 스톤 tomb stone

1번(또는 10번) 홀에서 스타트해서 기준 타수에 자신의 핸디캡 수를 더한 수를 친 지점에 깃대를 세우고, 제일 먼저 깃대를 세운 플레이어가 88회를 친 지점에서 깃대를 세워 누가 먼저 깃대를 세우느냐로 승패를 정하는 것.

트라젝토리 trajectory
임팩트 후 볼이 공중에서 그리는 궤도

트랩 trap
벙커나 웅덩이 등의 장애물. 드라이버샷이 떨어진 장소에 워터 해저드나 크로스 벙커가 가로질러 있는 경우.

트러블 샷 trouble shot
스윙하기 어려운 장소, 샷하기 어려운 볼의 라이, 타구방향에 장애물이 있는 등 샷하기 어려운 상황에서 행하는 샷.

트리플 보기 triple bogey
홀의 기준타수보다 3타 많은 수로 홀인하는 것.

티 tee
땅에서 볼을 높이 올려놓기 위해 디자인된 장치를 말한다. 티는 101.6mm(4인치) 이하이어야 하며, 플레이 선을 가리키거나 볼의 움직임에 영향을 미칠 수 있도록 디자인되거나 제조되어서는 안 된다.

티 마크 tee mark
티의 구역을 정하기 위해 전방의 양측에 놓인 2개의 표식.

티 샷 tee shot
티에서 볼을 치는 것으로 보통 티 업하고 침.

티 업 tee up
티잉 그라운드에서 티에 공을 올려놓는 행위로, 보통 티 오프와 혼동되어 사용되지만 부킹시간의 의미로는 티 오프가 정확함.

티 오프 tee off
첫홀에서 볼을 처음으로 치는 것으로 플레이를 시작하는 것을 말함.

티잉 그라운드 teeing ground
각 홀의 제1구를 치기 위한 두 클럽 길이의 지역. 즉, 플레이할 홀의 출발장소를 말한다. 이것은 2개의 티 마커의 외측을 경계로 하여 전면과 측면이 한정되며 측면의 길이가 2클럽 길이인 직사각형의 구역이다. 볼 전체가 이 티잉 그라운드구역 밖에 있을 때에는 티잉 그라운드의 밖에 있는 볼이다.

【파】

파 par
티잉 그라운드를 출발하여 홀을 마치기까지의 정해진 기준 타수로 거리에 따라 파5(롱 홀), 파4(미들 홀), 파3(숏 홀)로 구별된다. 퍼팅 그린에서는 항상 2퍼터가 기준이다.
· 파 3 : 남자-약 250야드, 여자-약 210야드
· 파 4 : 남자-250-470야드, 여자-210-400야드
· 파 5 : 남자-471야드 이상, 여자-401야드 이상

파 브레이크 par break
버디 이상의 스코어를 내는 것.

파이널 final
마지막, 결정적이란 뜻. 경기에서는 결승전.

파이프 pipe
아이언클럽의 목이나 호젤의 별칭.

파트너 partner
같은 사이드에 속한 자기편의 플레이어. 스리섬, 포섬 또는 포볼의 매치에서는 문맥에 반하지 않는 한 '플레이어'라는 말에 그의 파트너가 포함된다.

팔로 윈드 follow wind
비구방향과 동일한 방향으로 부는 바람.

팜 그립 palm grip
야구배트를 쥐는 것과 같이 양손바닥으로 그립을 잡는 방식으로 내츄럴 그립이라고도 함.

팝샷 pop shot
모래속에 계란프라이 모양으로 파묻혀 있는 공

을 빼내는 샷.

패들 그립 paddle grip
평평한 퍼터를 잡기 위한 그립으로 탁구를 하듯 평평한 그린 위에서 홀을 향해 무난한 퍼팅을 쳐내기 위해 사용.

패스 pass
경기의 원활한 진행을 위해 앞 조가 다음 조에게 먼저 경기를 할 수 있도록 양보하는 것.

패스트 fast
빠르다. 그린의 상태가 빠르다는 것. 또는 스윙의 리듬이 빠른 경우에도 패스트라고 한다.

패스트 그린 fast green
볼의 미끄러짐이 빠른 그린으로, 그린의 기울기나 잔디종류, 잔디길이에 따라 구르는 거리가 달라짐.

패치 patch
'헝겊조각', '꿰매어 대다', '얼룩' 따위의 의미가 있다. 골프에서는 잔디에 생기는 병의 하나이며, 잔디의 옆이 누렇게 되고 검게 타면서 마르는 병.

팻 fat
볼 앞의 지면을 치는 것.

퍼블릭 코스 public course
회원제가 아니고, 일반 대중에게도 개방된 골프장.

퍼터 putter
단거리 퍼팅 전용클럽으로 헤드모양에 따라 T, D, L형으로 부르기도 함.

퍼트 putt
그린에서 퍼터로 볼을 홀에 넣기 위해 스트로크하는 것.

퍼팅 그린 putting green
현재 플레이를 하고 있는 홀의 퍼팅을 위하여 특별히 정비한 전 구역 또는 위원회가 퍼팅 그린이라고 지정한 모든 구역을 말한다. 볼의 일부가 퍼팅 그린에 접촉하고 있으면 퍼팅 그린 위의 볼이다.

퍼팅 라인 putting line
퍼팅 그린에서 플레이어가 스트로크 후에 볼이 가기를 원하는 선을 말한다. 규칙 16-1e에 관한 것만 제외하고 퍼트의 선은 의도했던 양쪽 방향의 적절한 거리도 포함한다. 퍼트의 선은 홀을 넘어서는 연장되지 않는다.

펀치 샷 punch shot
클럽의 손잡이를 클럽헤드보다 목표선 방향으로 향한 자세로 어드레스하여 클럽의 로프트를 약간 줄여서 낮게 쳐보내는 샷.

페그 티 peg tee
땅에서 볼을 높이 올려놓기 위하여 디자인된 장치. 나무조각이나 플라스틱으로 만들며, 보통 '티'라고 한다.

페널티 스트로크 penalty stroke
규칙위반에 대하여 '벌타'를 주는 것으로 룰에 의해서 플레이어 또는 한 편의 스코어에 주어지는 타수.

페더 feather
그린의 왼쪽을 향해 쳐낸 정교한 페이드.

페어웨이 fairway
티잉 그라운드와 그린 사이의 잔디가 짧게 깎인 지역.

페어웨이 벙커 fairway bunker
페어웨이에 만들어진 벙커. 페어웨이를 가로지도록 만들어졌기 때문에 크로스 벙커라고도 한다.

페어웨이 우드 샷 fairway wood shot
페어웨이 우드 3번, 4번, 5번으로 치는 샷. 그 우드들은 타면의 각도가 크고 볼을 잘 뜨게 하는데다 치기가 좋게 되어 있다. 그러나 페어웨이에서 치는 샷은 볼의 상태가 드라이버로 칠 때처럼 티업이 되는 것이 아니고 미묘하게 변화한 페어웨이의 잔디 위에서 쳐야 하므로 무엇보다도 볼과 스탠스의 상태를 정확하게 판단하는 것이 중요하다.

페오리어 방식 peoria method
핸디캡을 경기 도중 산정하는 방법으로 '6홀까지 경기결과×3−72×0.8=핸디캡'으로 계산하는 방식.

페이드 fade
슬라이스처럼 심하진 않지만 볼이 떨어지기 직전에 속도가 둔해지면서 오른쪽으로 휘는 볼.

페이드 볼 fade ball
볼이 떨어지기 직전에 속도가 둔해지면서 오른쪽으로 커브하는 것.

페이스 face
골프클럽의 타면. 클럽의 타면에 대해서는 골프 규칙 제4조 및 부속규칙에 엄격하게 규제를 하고 있다. 요약해 보면, 가운데가 오목해서는 안 되고 볼보다 딱딱하고 견고해야 하며 대체로 매끄러워야 한다. 금속이 주요소재일 때는 무엇을 끼우거나 부착시켜서는 안 된다.

페이스 그루브 face grooves
볼에 스핀을 줄 수 있도록 밑바닥과 평행하게 클럽 페이스에 파놓은 홈.

페이스 인서트 face insert
우드클럽의 페이스를 보호하기 위해 넣는 것.

포볼 fourball
2인 1조의 경기로, 홀마다 두 선수의 성적에서 좋은 성적만 집계하여 최종 점수를 환산하는 베스트 볼 방식.

포섬 foresome
4명이 함께 경기하는 방식으로, 2인 1조가 되어 한 볼을 교대로 침.

포어 fore
타구에 앞 조의 사람들이 맞을 염려가 있을 때 주의를 주기 위해 외치는 소리.

포어 캐디 fore caddie
코스에 있는 볼의 위치를 플레이어에게 알리기 위해 위원회가 배치한 사람으로 국외자이다. 즉 볼의 행방을 추적하기 쉬운 위치에 미리 나가 있는 경기보조원.

포워드 스윙 forward swing
탑에서 피니시로 향하는 것으로 클럽을 앞쪽으로 휘두르는 동작.

포워드 프레스 forward press
백 스윙을 시작할 때 앞으로 기울이게 되는 팔이나 손, 안쪽 무릎이나 상체의 전진운동.

포인트 터니 point tourney
득점경기의 한 방법. 예를 들어, 파 1점, 보기 2점, 이글 3점 등과 같이 점수를 계산하여 18홀의 총점으로 승부를 결정한다.

포트 벙커 pot bunker
마치 목처럼 생긴 벙커를 말한다.

포틴 클럽 룰 fourteen club rule
게임에서 14개 이내의 클럽만 사용할 수 있게 한 규칙.

폰드 pond
연못이나 호수에 비하여 작은 것을 말한다.

폴로스루 follow through
볼이 클럽면을 떠난 후 이어지는 스윙동작.

푸시 push
볼을 목표보다 오른쪽으로 쳐내는 것.

푸시 샷 push shot
스윙은 짧고 피니시는 낮고 길게 가져가 볼이 낮게 날아가도록 하는 타격 테크닉으로 역풍에 효과적이다.

푸즐 foozle
서투르게 볼을 잘못 치는 것.

풀 pull
의도한 라인보다 다소 왼편 직선으로 날아가는 샷.

풀 각 pull angle
곧게 클럽을 세트했을 때 페이스가 오른쪽으로 향하면 슬라이스 페이스, 정면을 향하면 스퀘어 페이스라고 한다.

풀 샷 pull shot
목표선의 오른쪽으로 똑바로 날아가는 샷.

풀 슬라이스 pull slice
임팩트 직후 목표선 왼쪽으로 향하던 볼이 점차로 목표선의 오른쪽으로 향하는 샷.

풀 훅 pull hook
임팩트 직후부터 목표선의 왼쪽으로 향하고 점점 더 목표선의 왼쪽을 향하는 샷.

풋 액션 foot action
견실한 스윙을 위해 발을 세팅하기 위한 일련의 발놀림.

프라이드 에그 fried egg
모래에 반쯤 묻힌 볼.

프랙티스 티 practice tee
골퍼들이 골프백에 있는 모든 클럽을 가지고 샷을 연습할 수 있는 연습장소. 보통 그린-벙커-드라이빙 레인지 등이 인접되어 있는 연습장을 말한다.

프레스 press
내기에 진 플레이어가 제안하는 것으로, 남은 홀에서 애초 내기와 동등한 정도의 추가 내기를 말하며 원래 내기는 그대로 유효함.

프로네이션 pronation
임팩트 후에 왼손이 제쳐지는 것. 잘못된 왼손의 내전 혹은 좌측으로 꺾여나가는 샷이나 훅 볼이 난다.

프로비저널 볼 provisional ball
볼이 분실되었거나 OB, 워터 해저드에 들어갔는지 확실치 않을 때 플레이어가 그 위치에서 다시 치는 볼로, 룰에서는 잠정구라고 함.

프론트 나인 front nine
18홀 라운드 중 전반 9홀.

프론트 티 front tee
티잉 그라운드 중 홀과 가장 가까운 거리에 있는 곳으로, 보통 여성과 일반 아마추어가 티샷을 하는 곳

프리퍼드 라이 preferred lies
볼을 페어웨이의 더 좋은 위치에 옮길 수 있도록 한 룰.

프린지 fringe
페어웨이보다 짧고 그린보다 긴 그린 주위의 잔디로 에이프론이라고도 함.

플라이어 flier
너무 날아간 것. 러프에 쳤을 때나 비오는 날에 볼이 엉뚱한 방향으로 갈 때가 있다. 볼과 타면 사이에 잔디나 물이 끼이기 때문에 생기는 현상이다.

플래그 flag
깃발. 깃대 상단에 붙어 있는 깃발 또는 홀에 꽂혀 있는 핀을 말한다.

플래그 솔 flag sole
아이언 헤드의 밑바닥 부분이 볼록하게 된 모양을 말한다. 헤드를 블록하게 꾸미면 중심위치가 낮아져서 볼이 잘 떠오를 뿐만 아니라, 밑바닥의 폭이 넓어져서 잔디 위를 잘 미끄러져 나가게 한다.

플래시 트랩 flash trap
미국에서는 벙커를 트랩이라고도 하며, 플래시

트랩이란 얕은 벙커를 말한다.

플랫 flat

클럽의 샤프트와 지면이 만드는 각도가 적은 것. 지면이 평탄한 것.

플랫 스윙 flat swing

수평에 가까운 스윙.

플러그드 라이 pluged lie

볼이 푹 패인 지점에 떨어진 라이.

플러스 플레이어 plus player

핸디캡이 0보다 높은 경기 참가자.

플러피 라이 fluffy lie

잔디 위에 아슬아슬하게 놓여 있어 샷이 용이하지 않은 볼의 위치.

플럽 flub

볼을 서투르게 쳐서 몇 피트밖에 못 나가는 것.

플레이 선 line of play

플레이어가 스트로크 후 볼이 가기를 원하는 방향과 그 방향 양쪽의 적절한 거리도 포함한다. 플레이의 선은 지면에서 수직상향으로 연장되나 홀을 넘어서는 연장되지 않는다.

플레이스 place

공을 들어올려 다시 제자리에 놓는 것.

플레이 스루 play through

앞선 그룹의 골퍼들이 뒤 팀을 먼저 보내기 위해 그라운드의 한 쪽으로 비켜주는 것으로, 패스와 같은 뜻.

플레이 오프 play off

라운드가 끝난 뒤에도 승부가 나지 않을 때 승부를 가리기 위한 연장전.

플레인 plane

스윙궤도가 그려지는 상상 속의 공간.

피니시 finish

스윙의 마감자세 또는 경기를 정상적으로 끝내는 것.

피드백 feedback

학생의 교과내용 학습상태에 대한 체육교사의 언급을 말한다. 학생의 주의가 학습과제에 집중되도록 하며, 학생을 동기유발시키고 학생의 반응을 예의주시하는 기능을 수행한다. 학습과제 연습시에 주어지는 피드백은 주로 기능적 측면에 초점이 맞추어진다. 특히, 과제 전달시 강조되었던 핵심요인들에 중점을 두고 행해진다. 피드백은 과제의 성격에 따라 평가적·교정적 피드백, 일반적·구체적 피드백, 부정적·긍정적 피드백으로 구분된다. 주어지는 대상에 따라 전체적, 그룹별, 개인적 피드백으로 구분된다.

피봇 pivot

스윙을 하기 위해 테이크 백을 할 때의 허리회전, 허리틀기.

피치 pitch

로프트가 큰 클럽으로 높이 띄워서 볼이 빨리 멈추도록 하는 하이 어프로치.

피치 샷 pitch shot

아이언으로 볼에 백 스핀을 가해 높이 쳐올려서 목표지점에 착지한 후 거의 구르지 않고 정지하도록 치는 타법.

피치 앤드 런 pitch and run

평상시보다 볼을 낮게 띄워 더 많이 굴러가도록 의도적으로 실시하는 어프로치 샷을 말한다.

피칭 웨지 pitching wedge

피치 샷을 위해 고안된 웨지로 로프트가 크고 무게도 가장 무거운 것이 특징.

픽 앤 쇼블 pick and shovel

웅덩이에 들어간 볼을 쳐내는 샷 방법.

픽 업 pick up

볼을 규정 이외의 상황에서 주워드는 것으로, 스

트로크 경기에서는 플레이를 포기하는 것이 되므로 주의.

핀 pin
홀에 꽂힌 깃대.

핑 ping
넓은 클럽 페이스를 가져 효과적인 퍼팅을 할 수 있게 고안된 퍼터.

핑거 그립 finger grip
야구배트를 쥐는 것처럼 양손 손가락으로 클럽을 감아쥐는 그립.

【하】

하바드 매치 harvard match
승부가 나지 않고 무승부로 된 경기.

하스켈 haskell
1898년 코번 하스켈이 발명한 고무심이 들어간 볼.

하우스 캐디 house caddie
골프장의 전속 캐디. 정식 캐디.

하이 사이드 high side
경사진 그린에서 홀보다 높은 지역. 이 때 높은 쪽에 펼쳐진 약간의 오르막 경사는 어프로치 퍼팅에 많은 이점을 줄 뿐만 아니라 원 퍼팅의 찬스를 주기 때문에 프로 골퍼들이 즐겨 홀컵의 높은 쪽을 '프로사이드'라고 하며, 반대로 낮은 쪽을 초보자 홀컵 또는 아마추어 사이드나 잘못된 사이드라고 한다.

하이 크라운 디프 백 high crown deep back
우드클럽의 헤드모양을 말하는 것으로 앞면(타면쪽)이 높고 뒷면까지 불룩하게 된 모양. 주먹모양. 앞면이 낮고 뒷면이 높게 된 형상은 로 크라운 디프백인데, 앞이 높고 뒤쪽으로 낮게 좁힌 것을 하이 크라운 드롭 힐이라고 한다. 전체가 얇은 헤드에서는 타면쪽이 높은 하이 크라운 셔로 백이나 로 크라운 셔로 백 같은 타입이다.

하이 피니시 high finish
스윙의 피니시를 왼쪽 어깨 위가 아니라 머리 위로 높이 이루는 자세로, 대표적인 선수가 아놀드 파머이다. 파머는 궤도 안으로 쳐 올리고 안쪽으로 쳐 내려간다. 그대로라면 볼이 심하게 좌측으로 꺾여나가기 때문에 하이 피니시로 해서 훅을 막았다고 한다. 이런 식으로 치면 낮은 궤도로 볼이 튀겨 나가서 높이 뜬다.

하프 half
상대방도 같은 스코어를 기록했을 때.

하프 샷 half shot
백 스윙을 절반 정도만 하는 타구동작으로 거리에 따라 조정하는 샷.

하프 스윙 half swing
풀 스윙을 반 정도의 힘을 줄여서 하는 스윙.

해브드 halved
스코어가 동수인 것.

해저드 hazard
모래 웅덩이. 연못과 같이 경기의 원활한 진행을 어렵게 만드는 코스 내의 장애물을 말한다.

핸드 다운 hand down
어드레스 시 두 손으로 누르는 듯한 자세.

핸드 매시 hand mashie
스윙이 아니라 손으로 볼을 쳐내는 속임수. 발로 쳐내는 속임수는 foot mashie라고 한다.

핸드 액션 hand action
스윙 때의 양손을 쓰는 방법. 스윙은 손의 동작으로 하라는 이론도 있다.

핸드 업 hand up
어드레스 때 양손의 그립을 손목꺾기를 하지 않

고서 들듯이 처리하는 것. 그런 자세는 훅볼이 나기 쉽다.

핸디캡 handicap
각자 다른 기량의 골퍼들이 같은 조건에서 경기를 할 수 있도록 기량이 떨어지는 골퍼의 스코어에 타수를 감하도록 하는 것으로 오피셜(official)과 프라이비트(private)가 있음.

핸디캡 디퍼런셜 handicap differential
10매의 베스트 스코어 카드에서 야디지 레이팅을 뺀 것의 100분의 85를 핸디로 정하는 것.

햄 앤 에깅 ham-and-egging
투볼 포섬 경기에서 한 팀의 두 파트너가 번갈아 가며 버디를 잡는 팀워크.

행잉 라이 hanging lie
아래로 기울어진 경사면에 볼이 있는 경우를 말한다.

허슬러 hustler
내기경기에서 자신의 실력을 감추고 실제보다 핸디캡을 더 많이 받는 비양심적인 골퍼.

헌칭 hunching
퍼팅 그린 위의 볼을 표시할 때 실제의 위치보다 1~2인치 정도 홀에 가까운 곳에 옮겨 표시하는 속임수.

헤드 업 head up
임팩트 후 볼을 보기 위해 서둘러 머리를 드는 것.

헤드 커버 head cover
클럽의 헤드 부분이 골프백 안에서 서로 부딪혀 상하는 것을 방지하기 위해 가죽, 헝겊 등으로 만들어 헤드에 씌우는 커버.

호스 슈즈 horse-shoes
두 플레이어가 각기 두 개의 볼을 사용하여 각기 두 번의 퍼팅으로 승부를 겨루는 퍼팅게임.

호젤 hosel
아이언의 헤드를 샤프트에 접착시키기 위한 빈 공간.

홀 hole
그린에 만들어 놓은 구멍을 말하며 깃대가 꽂혀 있으며, 18개의 단위코스를 의미하기도 함. 홀의 직경은 108mm(4.25inch)이고 그 깊이는 100mm(4.0inch) 이상이어야 한다. 원통은 토질이 허용하는 한 퍼팅 그린면에서 적어도 25.4mm(1inch)는 아래로 묻어야 한다. 원통의 바깥둘레는 108mm(4.25inch) 이내이어야 한다.

홀드 holed
볼이 홀의 원통 내에 정지했을 때 그리고 볼의 전부가 홀의 가장자리보다도 아래에 있을 때 그 볼은 홀에 들어간 볼이다.

홀 매치 hole match
각 홀마다 승부를 정하는 경기로, 매치 플레이가 정식용어임.

홀 아웃 hole out
한 홀의 플레이를 마치는 것.

홀 인 원 hole in one
티잉 그라운드에서 1타로 볼이 홀에 들어가는 것.

홀 커터 hole cutter
홀을 파는 기구.

홈 home
18번 홀의 퍼팅 그린을 말한다.

홈 코스 home course
자신이 소속된 클럽의 코스.

홈 홀 home hole
마지막으로 끝나는 홀로 통상 18홀인 경우가 많지만, 10홀에서 시작한 경우는 홈 홀이 9홀이 됨.

후드 hood
어드레스 시 목표방향으로 클럽 손잡이를 기울임으로써 클럽의 로프트를 효과적으로 줄이는 것.

훅 hook
시계반대방향으로 도는 볼의 회전으로, 오른쪽에서 왼쪽으로 휘어지는 구질을 말함.

휘피 whippy
클럽 샤프트의 휘는 정도.

히코리 샤프트 hickory shaft
20세기 초에 널리 쓰였던 호두나무과의 단단한 나무로 만들어진 샤프트.

히팅 에어리어 hitting area
볼을 정상적으로 타격하기 위해 맞추어야 하는 포인트로, 히팅 존이라고도 함.

힐 heel
타격 자세 시 선수의 발꿈치 또는 클럽헤드의 뒷부분을 지칭하는 말.

힐 앤드 토우 heel and toe
사전상의 의미는 뒤꿈치와 앞꿈치이다. 즉 체중 부하를 앞쪽과 뒤쪽 두 곳에 집중시킴으로써 히팅 에어리어를 넓게 하고, 방향성을 정확하게 하는 장점이 있다.